JN410242

김원 수필집

태평양에서 띄운 편지

태평양에서 띄운 편지

김원 수필집

1판 1쇄 인쇄/ 2015년 1월 1일
1판 1쇄 발행/ 2015년 1월 1일

지은이 / 김　원
펴낸이 / 우 희 정
펴낸곳 / 도서출판 소소리

등록 / 제300-2007-21호
주소 110-521 서울 종로구 혜화로35, 302-1호
(명륜1가 경주이씨중앙회빌딩)
전화 / 765-5663, 766-5663(Fax)
e-mail: sosori39@hanmail.net
www.sosori.net

값 10,000 원

*잘못된 책은 바꿔드립니다.

ISBN 978-89-97294-80-0　03810

태평양에서 띄운 편지

김원 수필집

다섯 번째 수필집을 내면서

내가 사는 미국 서부 태평양연안은 기후가 1년 내내 따뜻하다. 사막기후와 겹쳐 사계절이 언제 가고 오는지 은근슬쩍 서로 비켜 간다. 해가 길고 짧으면 계절의 변화를 알 뿐, 꽃피고 새우는 것으로는 계절의 변화를 실감할 수가 없다. 그렇다 보니 계절에 따른 사유(思惟)가 내면으로 파고드는 파고가 그리 심하지가 않다. 한마디로 밋밋하고 재미없는 곳이다. 그러나 은퇴한 사람에게는 이곳이 낙원이다. 죽어서 천당 가기보다는 살아서 천당을 즐기기엔 이곳이 그만이다.

이번에 묶은 글의 대부분은 내가 대학에서 정년을 한 후 미국 태평양 바닷가 작은 은퇴촌에 머물면서 쓴 것들이다. 그래서 제목을 「태평양에서 띄운 편지」로 잡았다. 수필이란 원래 잊었던 기억을 현재로 환생시키는 작업이다 보니 나이 들면서 시간의 기억과 공간의 기억들이 점차 희미해져간다. 그런 때문인지 아마도 요즘처럼 글쓰기가 힘든 적은 없었다. 생각했던 것이 며

칠간 머릿속에 숙성되었다 싶어 자판기에 앉아 두드리면 물 흐르듯 술술 나오던 때가 있었다.

팔십고개 넘기가 왜 이렇게 힘드는가 했던 게 바로 글쓰기에 나타난 듯하다. 절필하라는 신호이지만 아직 모르겠다. 욕심 같아서는 몇 개 더 마무리해야 할 과제가 남아있어 그럴 수는 없을 것 같다.

다섯 번째 에세이집은 그렇게 힘들게 얻은 수확이다. 그만큼 힘들게 빚었기 때문인지 나로선 글 행간 행간마다 각별히 애정이 간다. 읽는 이에게는 지루하게 느낄지는 모르지만 그렇더라도 글 한 꼭지마다 영혼을 맑게 하고 삶을 풍요롭게 해 주는 글이었으면 좋겠다.

내 원고의 편집 및 기획에 애쓴 우희정 사장과 책갈피마다 아름다운 그림을 그려주신 상남 성춘복 시인에게 감사를 드린다.

2015년 1월

미국 태평양 연안 은퇴촌에서 김 원

1. 헌책은 쌓이고

2. 그해 여름

3. 낯선 곳에서 커피 한 잔

4. 나의 겨울 소나타

1.

헌책은 쌓이고

종착역

종착역(The Last Station)이란 영화가 있다. 이야기의 줄거리는 러시아의 대문호 톨스토이(1828~1910)가 부인과의 불화로 집을 뛰쳐나갔다가 폐렴을 얻어 아스타로프 기차역에서 죽는다는 것이다. 톨스토이 서거 100주년을 기념해서 제작된 이 영화는 미국인이 감독하고 영국 배우진이 출연해서 독일에서 촬영하고 러시아가 제작을 맡았다. 이른바 다국적 영화로 한몫을 챙기려고 야심작을 내놓았지만 어느 곳에서도 그렇게 대박은 못 건진 것 같다.

하지만 영화를 보는 사람에게는 많은 것을 느끼게 한다. 톨스토이가 죽은 곳이 종착역이었기 때문이다. 사람들에게 기차역은 그리운 애인을 기다리는 설렘을 갖게 하는 곳이고 떠나는 사람들에겐 헤어짐을 아쉬워하는 곳이기도 하다. 또한 기다리는 사람에겐 꿈과 희망을, 그리고 사랑하는 자식들을 떠나보내는 사람들에겐 이별의 장소이기도 하다. 발을 동동 구르면서 목을 빼고 초초한 표정으로 누군가를 찾는 모습은 종착역에서만 볼 수 있는 흔한 광경이다. 그런가 하면 조그마한 간이역에서 노모가 아들딸들에게 정성껏 싼 보따리를 안겨 주고 작별을 하는 모습은 떠나보내는 사람들의 아픔으로 다가온다.

이렇듯 만남과 이별의 장소치고 기차역만한 게 없을 듯싶다. 버스나 승용차의 경우는 그러한 뭉클한 장면을 떠올릴 수가 없다. 그것은 아마도 우리가 긴 세월 동안 기차와 더불어 온갖 애환을 함께해 왔기 때문이 아닐까

톨스토이는 왜 하필이면 아스타로프 종착역에서 죽었을까. 종착역에서의 그의 죽음은 좀 유별나다. 어쩌면 그의 죽음은 예고된 듯도 싶지만 종착역에서 숨을 거둠으로 해서 더욱 드라마틱하다. 그의 죽음은 인생의 종착역인 셈이지만, 아스타로프는 기차역의 종착역이고 보면 그의 죽음과 종착역이 의미 깊게 다가온다. 말하자면 집에서 임종하던가 아니면 병원에서 죽는 게 보통인데 하필이면 왜 기차역이냐, 그것도 종착역이냐고 의문을 품을 만도 하다 .

「전쟁과 평화」를 썼을 때만 해도 그는 완숙기에 이르렀지만 십년 만에 쓴 「부활」은 톨스토이에겐 만년에 이르렀다. 그의 작품이 전 세계에서 번역 출판되고 수많은 글 청탁과 인터뷰가

줄을 잇자 그는 그 엄청난 부와 명예가 도리어 거추장스럽게만 느껴진다. 부와 명예가 적당해야 부담이 없고 자유로울 수 있다지만 어느 정도가 적당한지는 누구도 모른다. 아마도 톨스토이처럼 감당하기 어려울 만치 부와 명예를 갖고 보면 그의 삶은 그 자신의 것이 아니다. 굴레에 얽매인 삶이 되고 만다. 그렇지만 그의 아내 소피아는 다르다. 세속적인 것에 눈이 먼 아내와는 부와 명예를 둘러싸고 잦은 가정불화가 일어나게 된다. 그동안 남편 뒷바라지하고 자식들을 키우면서 다 받친 대가가 너무 허무했던 게 사실이다. 아내의 속셈으로 보면 너무나 당연하다.

전제정치에 염증을 느꼈던 참에 그는 현실로부터 탈출을 절실히 원한다. 이미 공산주의가 제정 러시아에 스며들기 시작해 새로운 도덕적 세계에 눈을 뜬 그는 토지를 소작인에게 나누어주고 책 출판권마저 공공소유로 하려고 한다. 부부간의 싸움은 여기서 절정에 이른다.

톨스토이는 어느 날 아내 몰래 봇짐을 꾸려 주치의와 함께 집을 나간다. 그의 누이가 수녀로 있는 카모르디노 수도원에 가서 함께 있길 원했으나 여의치 않자 유고슬라비아로 가려고 탄 기차에서 병을 얻어 마지막을 맞이한다. 그가 한때 머물렀던 아스타로프역에서 숨을 거둔다.

그가 죽은 뒤 발견된 편지에는 애틋한 아내사랑이 묻어있다. '사랑하는 소피아'로 시작하는 편지는 참회와 사랑으로 눈시울을 적시게 한다. 그는 오래전부터 자유로운 몸이 되고자 탈출하길 원했음을 아내에게 고백한다. 그는 지금이야말로 35년간 당신하고의 생활에서 벗어나 자유를 찾고 싶다고 실토한다. 60세가 되면 숲으로 가서 사라지는 인도사람처럼 자기도 80이 넘었으니 자유를 찾아 집을 떠나고 싶다고 고백한다. 그러나 이런 현실 탈출을 원했던 그의 편지는 생전에 그의 아내에게 전해지지 못 하고 그가 죽은 뒤 알려진다.

톨스토이의 위대성은 그가 남긴 작품에서도 발견되지만 한 인간이 우리에게 준 삶의 교훈은 어쩌면 문학 작품보다 더 클지도 모른다. 그는 이미 명예와 부의 권력화를 거부했었다. 그가 가진 모든 것을 사회에 환원시키길 원한다. 숭고한 기독교 정신이다. 천민자본주의 사회에서는 아직도 부와 명예가 아비에서 아들로 그리고 다시 손자에게로 세습이 되면서 사회를 구조적으로 왜곡시키고 있는데 톨스토이는 이미 100년 전에 그런 봉건적 세습을 털어내고 사회를 바르고 정의롭게 세우려고 결단을 내렸던 것이다. 참으로 위대한 한 인간의 삶을 보여 준다. 그는 죽으면서 부와 명예가 모두 허망하다는 걸 스스로 아스타로프 종착역에서 보여준 것이다.

사람들은 엄마자궁에서 태어날 때 빈손으로 나오는데 나와서 거머쥔 온갖 부와 명예를 무덤이란 종착역까지 갖고 가는 것처럼 착각하고 있다. 아니면 자식에게 넘겨주는 게 당연하다고 생각한다. 어리석기 짝이 없다. 톨스토이는 그의 단편 「사람은 무엇으로 사는가」에서도 인간의 욕망이 얼마나 허무한가를 묘사하고 있다. 귀족이 구둣가게에 들러 1년 동안 신어도 끄떡없는 구두를 주문하고서 마차를 타고 가다 심장마비로 죽고 만다. 자기가 오늘 저녁 죽는 걸 모르고 허망한 욕망을 나타내고 있음을 비판한다. 톨스토이는 수많은 불후의 명작 못지않게 그의 삶 또한 위대한 교훈을 남기고 갔다. 그는 진정 자유를 찾았다. 모든 세속의 굴레를 벗어나는 것이야말로 진정 해탈이요 열반이다. 톨스토이처럼 인생종착역에 가까이 다가가고 있으면서도 아직 톨스토이적 자유를 찾지 못해 허우적거리기만 하고 있으니 그저 내 자신이 부끄럽기 그지없다.

오바마 신드롬

꽤 오래전에 미국 시사주간 타임지가 표지에 미래인간의 모습을 실은 걸 본 적이 있다. 수세기가 지나고 나면 오늘날 우리 인류가 백인, 흑인, 황색 등 우리에게 익숙한 피부색이 아니라 이것도 저것도 아닌 제3의 피부 색깔을 가진 인간 모습으로 바뀐다는 것이다. 타임지에 따르면 미래 인간은 서양인 인상에 동양적인 눈매와 약간의 검은 피부색을 가진 새로운 모습이 된다는 것이다. 다시 말하면 전통적인 오늘의 인간 모습이 사라지고 혼혈인종으로 변한다는 것이다. 이른바 인간의 퓨전(Fuson)화가 되어 가고 있다는 뜻이다. 이미 우리 주변에 나타나고 있는 변화 추세대로라면 인간모습 예측 하나만은 그래도 비슷하게 맞아가는 듯하다.

누가 감히 미국에서 흑인 아버지에 백인 엄마를 둔 흑백 혼혈의 오바마가 대통령이 될 줄 상상이나 할 수가 있었을까. 한국이 자랑스럽게 내세우는 단일민족이란 것도 따지고 보면 오래전 이미 피가 섞인 민족임이 틀림없다. 병자호란과 임진왜란을 겪으면서 알게 모르게 혼혈이 되었거니와 현대에 와서는 한국전쟁으로 인해 백인과 흑인과도 또 한 번 인종피부를 섞게 되었다. 요즘에는 우리나라 농촌에 다문화가정이 늘고 있는 것도 눈여겨 볼만 하다. 음식과 패션에 퓨전이 있듯이 인간에도 국적불명의 퓨전인간이 나타나고 있다.

이제 피부의 색깔과 국경을 넘어 하나의 지구촌 공동체로 가고 있다. 백의민족이라고 불렀던 것은 오래전에 우리가 흰옷을 입었기 때문이기도 하고 또 달리는 다른 피가 섞이지 않았다는 순백 단일민족이란 의미도 포함되어 있다. 이제 흰옷은 사람이 죽었을 때 상가에서만 입는 옷이 되어버렸고 흰옷은 기피 옷이 되었다. 흰옷 입고 명동에 나갔다가는 망신하기 십상이다. 오늘날엔 얼마나 다양한 옷들이 있는가. 전통 한국 것에 서양패션이 섞이고 중국적인 것에 인도와 중동적인 것까지 섞여 패션의 퓨전화가 되고 있다. 혈통도 마찬가지다.

최근에 밀려드는 동남아 근로자들과 농촌총각들의 국제결혼을 통해 이루어질 미래 한국인의 새로운 모습을 상상해 본다면 재미있을 것이다. 미국 교포 사회에서의 일어나고 있는 결혼풍속도 역시 피부장벽이 무너진 지 이미 오래다. 흑, 백, 황색이 너무나 자연스럽게 어울려 있고 보통 한 가정에 한 명쯤은 인종 장벽을 넘어 서고 있다.

오랫동안 국민가수로 자리 매김했던 인순이나 몇 해 전 한국에서 열광했던 미국슈퍼볼 영웅 하인츠 워드와 골프 영웅 대접받은 타이거 우즈를 기억한다면 케냐에서 오바마 때문에 온통 축제 분위기에 휩싸인다고 해서 전혀 놀랄 일이 아니다. 모두 미래형 제3의 인간이 만들어낸 기적이다. 오마바 신드롬을 엿볼 수 있다.

타임지처럼 수백 년 후의 우리 모습을 이렇게 내다보면 새로운 인간형이 나올 거라고 예측하는 것은 너무나 당연하다. 오바마 대통령의 모습도 타임지가 예견한 새로운 미래 인간모습의 한 전형이다. 케냐에서 온 유학생과 본토에서 간 백인 여학생이 하와이에서 만나 그 사이에서 난 오바마는 아프리카의 토종 원주민 모습이 아니다. 그렇다고 노예로 끌려 온 미국 흑인의 모습도 아니다. 더더욱 백인 엄마의 모습도 물론 아니다. 퓨전 인간의 모습이다.

그런 미래형의 제3의 인물이 몇년 전 만해도 미국의 뿌리 깊은 인종장벽을 허물고 대통령으로 당선될 걸로는 아무도 예측

하지 못했다. 얼마나 흥미로운 미국사회인가. 한국에서처럼 족보에만 의존하는 순종주의자가 설 자리가 허물어지고 있는 증거다. 이젠 혼혈에 대한 오래된 불신과 편견은 청산의 대상이 되었고 진정 중요한 것은 혈통이 아니라 인간의 마음가짐과 맑은 영혼이다.

많은 미국인들은 그 역사적인 인종혁명에 흥분했다. 오바마 대통령의 취임식 때 워싱턴몰에 모인 20만, 그것도 대부분 아프로 아메리칸 시민들의 열광하는 모습에서 미래의 퓨전인간이 더 빨리 진행될 걸로 본다. 미래예측은 어느 일개 전문가에 의해서 이루어지는 것이 아니라 하나하나 밀알이 뜻을 합해 쌓아가는 과정에서 이루어지는 새로운 역사이다.

그 새로운 역사의 뒤편에는 항상 숨은 사연들이 있기 마련이다. 오바마의 엄마는 흑인 아들에게 최초의 흑인 과학자, 최초의 흑인 판사를 가리키면서 자신감과 꿈을 심어 주었고, 어머니를 여의고 백인 외할머니에게서 자라면서는 미국의 가치인 애국, 근면, 이웃사랑을 배웠다. 흑백 간에서 태어난 정체성의 혼란을 극복하기란 전등 없이 캄캄한 터널 속을 달리는 자동차와도 같았을 것이다. 그는 그것을 용케도 극복했다. 요즘 젊은이들에겐 상상만 해도 기절초풍하고 아찔할 일이다. 오바마는 결국 엄마의 말대로 최초의 흑인대통령이 된 것이다.

오바마는 이런 불확실한 미래를 스스로 개척하면서 터널을 빠져 나간 제3 인간형의 영웅이다. 세계 최빈국과 세계 최부국의 사이에서 태어난 것 자체가 예사롭지 않게 그의 미래를 어둡게 했을 것이다. 그리고 철들어 인도네시아 의붓아버지 밑에서 자라면서 받은 문화적 충격을 극복한 것 역시 놀랍다. 이름 없는 조그마한 시골 대학을 거쳐 동부 아이비리그인 컬럼비아 대학을 졸업하고 하버드 로스쿨에서 법학을 공부했던 것이 아무나 할 수 있는 학업과정이 아니다.

그는 링컨 대통령을 가장 존경한다고 한다. 어느 면에서는 링컨이 그의 인생모델이었던 셈이다. 링컨 역시 부잣집도 아닌 어느 농촌 움막에서 태어났지만 커서 유창한 달변의 변호사로 일리노이 주의원을 거쳐 대통령이 되어 남북전쟁을 통해 흑인 노예를 해방시켰던 인물이다. 그의 '국민에 의한, 국민을 위한, 국민의 정부'라는 유명한 말은 150년이 지난 오늘날까지 미국 민주주의의 최고의 가치가 되고 있다.

오바마는 링컨의 탄생 200주년에 미국 최초의 흑인대통령이 되었다. 링컨이 흑인노예를 해방시키지 않았더라면 오늘의 오바마도 없었을지 모른다. 오바마가 취임식 때 링컨처럼 일리노이 주에서 기차를 타고 워싱턴에 간 것이나, 도착 후 링컨기념관을 먼저 찾아간 것도 흥미로운 일이다. 어쩌면 오바마의 잠재된 내면의 삶엔 링컨으로 꽉 차있다고 해도 과언이 아닐 것이다.

이렇듯 한 인간의 미래예측은 무엇을 선택하느냐의 미학이라는 타임지의 구절이 오늘의 오바마를 만든 게 아닐까 . 미래예측을 미사여구로 포장할 것이 아니라 꿈과 이상을 실현시키는 행동이 따라가 주어야 담보된다. 오바마가 두터운 인종벽을 허물고 미래를 거머쥔 것이 바로 그의 꿈이 있었기 때문이다. 오바마 신드롬이 미국의 한국 이민 후세들에게 하나의 희망이 될 수 있지만, 또한 한국에서도 제3의 한국적인 오바마가 나타나지 않는다는 보장 또한 없다. 지구촌시대가 곧 그런 퓨전인간을 영웅으로 키우는 기회가 되기 때문이다

작은 사슴의 슬픈 이야기

사슴은 고독하고 슬픈 짐승인가. 박목월은 "한 나절/ 고운 암노루/ 아랫마을 골짜기에/ 홀로 와서//… 흐르는 구름에 눈을 씻고/ 하얗게 떠가는/ 달을 보네."(「삼월」)라고 읊고 있고 노천명은 "모가지가 길어서 슬픈 사슴이여/ 물속의 제 그림자를 들어다 보고는/ 슬픈 모가지를 하고 먼데 산을 바라본다."(「사슴」)라고 읊고 있다. 무슨 사연이 있기에 사슴을 이렇게 고독하고 슬픈 짐승으로 묘사했을까. 아마도 사람들도 사슴처럼 고독하고 슬픈 동물인지도 모른다.

그래서일까. 작은 사슴의 섬, 소록도(小鹿島)에는 우리의 슬픈 이야기가 숨어있다. 전남 고흥반도 끝자락 녹동항에서 발을 벌려 뛰면 닿을 것 같은 곳에 사슴처럼 맑은 영혼들이 모여 사는 섬이 보인다. 연육교가 놓이면서부터 소록도는 섬이라기보다 반도의 일부로 다가 와 있다. 누구나 마음만 먹으면 갈 수 있는 곳이다. 울창한 숲과 검은 바다는 어느 섬과 다를 바 없이 조용하고 평화롭게 느끼게 한다. 그런데 누가 이 섬에 그토록 슬픈 이야기를 만들어 놓았을까. 믿겨지지 않는 소록도 입구에 차를 세워 놓고 나는 적막이 감도는 숲길을 걸어간다.

일제가 1916년부터 이곳에 수백 명의 나환자를 강제로 끌어다 놓으면서 이야기는 시작된다. 15만평의 작은 섬에 한센환자촌을 건설하기 위해 남자들은 바다를 메우는 간척사업에 투입되고 부녀자들은 척박한 섬 개간사업에 동원된다. 그들은 악랄한 일제의 노예나 다를 바 없었다. 강제노동에 견딜 수 없어 수많은 한센환자가 희생되고 때로는 원인 모르게 죽어간 이가 있었는가 하면 강제노동에 제대로 먹지도 못해 병들어 죽어간 이들도 많았다. 악독한 일본인 원장에게 항거했다가 처형된 이, 해방공간의 혼란기에 수십 명이 한꺼번에 살해된 일까지를 계산하면 병이 완치되어 제 발로 걸어 나간 이보다 이렇게 죽어 나간 이가 더 많을지도 모른다.

감염되지 않은 자식들을 강제로 부모와 떼어 놓아 생이별을 했다. 모두에게 그리움과 한으로 쌓여 갔다. 격리시켜 놓았던 아이들과 부모와의 상면이 이루어지는 날엔 눈물바다가 된다. 그것도 전염을 예방한다는 핑계로 길 양쪽으로 세워 놓고 눈으로 확인만 하는 반짝 상봉이었다. 엄마를 그리워하며 몸부림치는 아이들과 이들을 보고 싶은 엄마들은 탄식만 토해 놓고 헤어진다. 엄마들은 자기가 누구인지 알 수 없게 수건으로 얼굴을 가렸지만 그 사이로 자식을 확인하고 탄식을 지르고 돌아서야 한다. 손도 잡을 수 없고 이름도 부를 수 없다. 영화 「벤허」의 한 장면 같다.

더 견디기 힘들었던 것은 자식을 갖지 못하게 강제로 불알을 까는 수모다. 동물처럼 정관수술을 해야만 부부가 함께 살 수 있게 했다. 정관수술대 위에 누운 한 시인은 그의 거세를 이렇게 절규한다.

그 꿈꾸던
사랑의 꿈은 깨어지고
여기 나의 25세 젊음을
파멸해 가는 수술대 위에서
내 청춘을 통곡하며 누워 있다

장래 손자를 보겠다던 어머니의 모습
수술대 위에서 가물거린다

정관을 차단하는 차가운 메스가
내 국부에 닿은 때
모래알처럼 번성하라던
…

지하의 히포크라테스는
오늘도 통곡한다.

- 이동, 「단종대」

숲속을 걸어가자 조그마한 길을 사이에 두고 양쪽에 부모 자식들이 갈라서서 반짝 상봉을 했다는 곳이 나온다. 그들의 통곡 소리가 들릴 듯하다. 아이들은 울고 부모들이 울부짖는 소리가 환청으로 들린다. 눈물이 나올 것만 같다. 아무리 한센병이 하늘이 내린 형벌(天刑)일지라도 혈육을 생이별시킬 수가 있을까. 숲 속은 옛길 그대로지만 아이들과 부모들은 보이지 않는다. 눈물과 탄식만 남기고 돌아섰던 수탄장(愁嘆場)에 나이 든 할머니가 스쿠터를 타고 지나간다. 얼굴을 가린 채 인사를 건네는 한센인들이 그때 그 어머니가 아닐까. 나는 그녀를 볼 수가 없지만 그녀는 나를 보았을지 모른다. 혹시나 그가 아이를 만나러 온 것이 아닐지 모른다. 가슴 한쪽이 서늘해 온다.

언덕을 조금 올라가니 왼쪽편에 흰 건물이 나온다. 이곳이 한센인들을 치료하는 병원이다. 여기서부터 일반인들은 더 올라갈 수가 없다. 한센인들의 거주지역이다. 멀리서 바라다 본 한센촌은 나지막한 집들이 옹기종기 붙어있어 어느 시골 마을처럼 정겹다.

병원을 끼고 왼쪽으로 올라가니 중앙공원이 나온다. 일제가 한센인을 강제 수용한 곳이다. 여기에 일제의 만행이 고스란히 보존되어 있다. 병동들은 마치 독일의 아우슈비츠 유태인 수용소 같다. 한 방에 수십 명을 수용하고 모퉁이에 재래식 변기를 두고 있다. 밥그릇 한 개가 겨우 드나들 수 있는 구멍만 남겨두고 감금된 채 살았다. 바로 옆에 검시실이 있다. 죽으면 여기서 해부한 후 검시하고 화장을 해 납골당으로 간다. 한센환자들은 세 번 죽는다. 병들어 죽고, 시신 해부해 죽고, 화장해 죽는다. 원혼들의 아우성이 들릴 것 같다. 나는 오래전에 폴란드에 있는 독일 아우슈비츠 수용소를 본 기억이 떠올라 더 이상 머물 수가 없다.

발길을 돌려 옆 건물로 가니 여기에 정관수술실이 나온다. 수백 명의 한센인들이 이 차디찬 시멘트 콘크리트 대 위에 누워 생식기능을 거세당했다. 소름이 끼친다. 시멘트 위에서 읊었다는 환자의 시 한 편이 벽에 걸려있다. 그의 창백한 얼굴이 떠오른다. 손자를 안아 보지 못한 그의 어머니의 절규가 들려온다. 그들의 원혼이 허공에 맴도는 것만 같다. 흐느낌 소리가 들린다.

숨을 죽이며 언덕을 올라가지만 또 무슨 만행을 볼까 두렵다. 조그마한 빨간 벽돌집에 들어갔다. 당시 그들이 사용했던 생활도구가 한자리에 모여 있다. 일제 초기 한센환자들이 와서 사용했던 도구들이다. 요즘에는 보기 드문 생활 도구를 모아 놓은 민속박물관인 셈이다. 호롱등잔, 작두, 재봉틀, 이발기구, 종이 한센환자들은 세 번 죽는다. 병들어 죽고, 시신 해부해 죽고, 화장해 죽는다. 원혼들의 아우성이 들릴 것 같다. 오래 전에 폴란드에 있는 독일 아우슈비츠 수용소를 본 기억이 떠올라 더 이상 머물 수가 없다. — 작은 사슴의 슬픈 이야기

항아리, 화장대, 경대, 끌, 대패, 찡틀, 손저울, 삼태기, 됫박, 망태기, 명주바지저고리, 소쿠리, 나무주걱, 등사판, 한센인들의 문학작품집 등이 깨끗이 보존되어 있다. 아주 친숙했던 낯익은 생활 도구들이다. 한센인들의 영혼이 묻어 있는 듯하다. 이들을 보는 순간 나는 한센인들도 바로 우리 형제자매 같다는 생각이 든다. 이웃사촌일 수 있다. 내가 그들에게 가까이 와 있음을 느낀다.

무거운 발걸음을 돌렸다. 물이 빠진 뻘에는 아낙네들이 한가로이 조개를 캐고 있다. 하늘엔 바다갈매기가 한가히 날고 있고 벤치는 비어있다. 어느 한센인이 이 벤치에서 고향에 두고 온 처자식과 부모를 그리워했을지도 모른다. 천형을 받아 병고와 외로움에 지친 몸이 파랑새가 되어 뭍으로 날아간다. 그의 노래가 들린다.

나는
나는 죽어서
파랑새가 되어
푸른 하늘
푸른 들
날아다니며
푸른 노래
푸른 울음

울어 예우리
나는
나는
죽어서
파랑새 되리

- 한하운, 「파랑새」 일부

석양 노을이 다가온다. 삶은 고되고 슬픈가 보다. 나는 내내 말을 잊고 미어져 오는 가슴에 알 수 없는 분노가 치밀어 온다. 그러면서 사라져간 원혼들을 위로해 줄 수 없는 내가 한없이 왜소하고 초라해 보인다. 눈물이 날 것만 같다. 주인 없는 벤치에 좀 쉬어 가야겠다. 그리고 이곳에서 살다 간 수많은 작은 사슴들의 슬픈 이야기를 더 듣고 싶다.

예수는 없다

어느 해인가 『예수는 없다』라는 책이 나와 인기를 끈 일이 있었다. 그러고 얼마 후에 또 『예수는 있다』라는 책이 나와 서점가를 뜨겁게 달군 적이 있다. 그뿐 아니라 『공자가 죽어야 나라가 선다』라는 책이 나오더니 곧 이어 『공자가 있어야 나라가 바로 선다』라는 책이 나와 독자들을 아리송하게 했던 기억이 난다.

왜 갑자기 아무 죄 없는 성현들을 걸고 넘어지는 걸까. 나는 한동안 혼란스러웠지만 가만히 생각해 보면 그럴 수도 있다는 생각이 들었다. 평생 글을 써서 먹고사는 사람들에겐 이것이 출판계의 한 상술이라고 볼 수 있다. 출판계가 불황일 때 업계로서는 뭔가 독자의 눈을 화끈하게 끄는 책이 필요한데 이런 엽기적인 표제가 독자들의 눈을 사로잡는 길일 수 있기 때문이다.

그러던 어느 날 『예수는 없다』를 쓴 오강남 교수로부터 책이 한 권 왔다. 알고 보니 그가 내 고향 후배였다. 그렇잖아도 잔뜩 호기심이 차 있던 터라 나는 얼마나 고마웠는지 그 책을 손에 들자마자 읽어 버렸다. 나처럼 특정종교에 깊이 물들지 않은 순백인에게는 그 책이 오늘날 기독교가 당면한 위기에 대해 눈을 뜨게 하는 값진 책이었다. 오늘날 한국 기독교가 원형을 잃어가고 있어 많은 지식인들이 우려를 표명하고 있는 것 같다. 『예수는 없다』를 읽고서야 그 이유를 알겠다. 어느 종교든 그것이 부와 명예와 권력을 쫒으면 부패한다는 걸 암시하고 있다.

그렇다면 참 예수는 어디서 찾을 수 있을까. 오늘날 사람들이 만들어 낸 세속적이고 오염된 자기들만의 예수가 아닌 원형 예수를 만나보고 싶다. 참예수를 만나자면 예루살렘을 찾아야 한다. 나는 그 책을 읽고 나서 예루살렘을 보고 싶었다. 꿈이 있으면 기회는 오는가 보다. 미국에 머물던 어느 해 지중해를 도는 크루즈 여행을 통해 그분을 만나러 갔다.

지중해연안에 있는 아쉬도드항구에 내리자 이스라엘 군인들의 삼엄한 경계 속에 철통같은 조사를 받았다. 아마 여행객을 가장한 테러인을 색출하기 위한 듯하다. 두 시간의 차량이동 끝에 나타난 예루살렘은 중동사막의 어느 한 모퉁이 같다. 한마디로 멋없는 도시 같다. 도시계획을 공부한 나에겐 정말 실망스러운 도시다. 나무 한 그루 제대로 살 것 같지 않는 척박한 돌산

위에 그토록 오랜 인류 유적이 있다는 것은 믿기지 않는다.

예수가 태어났다는 베들레헴은 팔레스타인 지역인데 우리가 도착하기 며칠 전에 폭탄테러가 발생해 관광객의 출입을 막고 있다. 이를 보지를 못해 아쉬웠지만 2.5미터 높이의 콘크리트 벽으로 둘러친 채 외부와 차단되어 사는 아랍인에겐 그곳이 감옥이나 다를 바 없다는 생각이 들었다. 비록 이스라엘은 이들 아랍인에게 팔레스타인 자치구역으로 허용하고 있다지만 무슨 희망이 있겠나. 팔레스타인은 땅을 잃고 쫓겨난 민족이나 다를 바 없다. 이스라엘이 1967년 7일 전쟁으로 이곳을 점령한 후 돌려주지 않고 있지만 주위의 여러 아랍 형제국가들도 그들을 도와 줄 뾰족한 카드가 없어 그대로 묵인하고 있어 안타깝다.

이스라엘이 왜 그토록 예루살렘을 결사적으로 지키고 있는 걸까. 다 이유가 있다. 이곳은 예수가 당나귀를 타고 입성해서 십자가를 지고 골고다언덕에서 처형당한 곳이기도 하지만 유대교의 입장에서 보면 이곳이 또한 그들의 성지이다. 기원전 10세기경 다윗이 이곳을 유대인의 성지로 정하고 그의 아들 솔로몬이 화려한 신전을 지었다. 오늘날에는 다 허물어지고 통곡의 벽만 남아 있지만 아직도 수많은 원리주의 유대인들이 챙 큰 검은 모자에 긴 머리를 하고 텁수룩한 수염을 달고 이곳 벽에 대고 기도를 하고 경전을 외고 있다. 이들이 정부로부터 급여를 받고 기도만 전업으로 하는 성직자들이라니 알 만하다. 나는 벽쪽으로 내려가서 그들처럼 내 소원을 적은 쪽지를 틈새에다 끼워 넣었다. 그리고 돌아오면서 땅에 떨어져 있는 쪽지를 주웠다. 알 수 없는 히브리어가 적혀 있다. 추측컨대 젊은이가 많은 것을 보면 그들의 소원이라야 연인, 행복 아니면 취업이 아니겠는가.

이런 곳에 또 아랍인들이 6세기에 모하메트가 가브리엘의 도움으로 하룻밤에 메카에서 날아와 신의 계시를 받았다는 자리에 엘아크사원을 지어 놓고 나니 그네들에겐 이곳이 모슬렘의 성지가 되었다. 그렇다 보니 지난 2천년 동안 20여 차례나 주인이 바뀌고 10여 차례에 걸친 전쟁이 터져 온통 파괴된 흔적만 남아 있을 뿐이다. 한마디로 그들에겐 '상처뿐인 영광'을 안고 있는 곳이다. 어느 누구 하나도 양보할 수 없는 나만의 성지가 된 셈이다. 서로의 성지이다 보니 언제 이곳에서 테러 가 일어날지 모른다. 항상 긴장되어 있고, 자동소총을 든 젊은 유대인의 군대가 출입을 검문하는 이유를 알 것 같다.

베들레헴을 못 봐 아쉽지만 길을 돌려 마리아가 예수를 수태하고 그곳에서 30세까지 살았다는 나자렛을 찾았다. 그러나 아랍지역 치고 조용하다. 이곳이 예수가 자랐다고 하기엔 너무나 옛 모습을 찾아 볼 수가 없다. 기원전 후의 모습 같지가 않은 곳을 돌아 본 것 같다. 그리고는 좀 떨어져있는 곳에 예수가 첫 번째로 설교했다는 교회와 그의 첫 제자인 어부 베드로를 만나러 갔다. 갈릴리호수는 호수라기보다 바다 같다.

이스라엘의 식수 30%를 공급하는 호수가 끝없이 펼쳐져 가벼운 파도를 일으키고 있고 더위를 식히기 위해 호수에 손을 담가 보았다. 허기를 때우기 위해 식당에 들렀을 때 옛날 베드로가 잡았다는 고기와 빵이 나와 우리를 즐겁게 했다. 틸라피아라는 그 민물고기 한 마리로 베드로가 천 명을 먹였다고 전해오는데 나는 그 한 마리로 배불리 먹고 남은 것은 뼈와 비린내뿐이었다. 관광을 다니다 보면 믿거나 말거나 그럴 듯이 가공된 이야기가 이방인을 감동시킬 때가 있다. 내 상에 오른 게 수천 년 전에 베드로가 잡았다는 그 고기와 같다니 누가 믿겠냐마는 그 틸라피아를 먹으면서 깊은 상념에 쌓인 것은 좋은 추억이 아닐 수 없었다.

더욱이 예수가 세례를 받았다는 요단강은 그 물이 성수 같지가 않아 실망스러웠다. 누가 요단강을 이렇게 초라하게 만들었을까. 강이라기보다는 조그마한 개천 같은 곳이다. 우리가 갔을 때도 이곳에서는 예수처럼 요단강 세례를 준비하는 한 단체의 종교인들이 웅성거리고 있었다.

예수가 최후의 만찬을 했다는 다락방교회로 갔을 때 레오나르도 다빈치가 그린 최후의 만찬 그림이 생각났다. 예수가 이미 그의 제자 가운데 한 명이 그를 배반하리라고 예언했다는 말이 떠오른다. 그래서 그런지 만찬장 그림에서의 제자 가운데 유독 유다의 이상야릇한 표정이 나를 사로잡는다. 그는 왜 스승을 30냥에 로마군에 팔아 넘겼을까. 설은 많지만 어쨌든 그것은 우리 인간에게 배신만큼 더러운 것이 없다는 것을 경고한 것이 아닐까. 결국 예수는 처형된다. 처형된 후 하늘로 승천했다는 곳에다 승천교회를 지어 놓았다. 예수가 승천하자면 지붕이 트여있어야 하는데, 이곳을 이슬람들이 들어와서 둥근 돔을 씌워 지붕을 덮어 버렸다. 아이러니하게도 한 종교가 지붕을 터놓은 것을 다른 종교가 와서 막아 놓는 상극된 현실을 이 건물에서 본다. 결국 인간이 종교를 핑계 삼아 서로 적대관계를 만든 꼴이 되었다.

예수가 묻혀있는 묘지와 교회 그리고 시신을 보관해 두었던 토굴로 갔을 때는 이미 관광객이 인산인해를 이루어 빠져나가기조차 어려웠다. 소매치기에 조심하느라 제대로 볼 수가 없다. 물론 소매치기가 이곳 성지까지 와서 작업을 하지는 않겠지만 워낙 교활한 아랍인들이 득실거리는지라 본능적인 자기보호를 위해 어쩔 수가 없다. 소매치기에게는 이곳이 황금어장이나 다름없지만 모두들 예수를 만나는 순간만은 엄숙하고 경건하다. 예수가 묻혔다는 관 앞에서는 일부 독실한 신자들이 모여 앉아 석관에다 입을 맞추고 기도하고 일부는 경건한 모습에 눈물까지 글썽거린다. 참으로 감동적인 모습이다.

예수는 분명히 있다. 그의 유적들은 중세와 근세에 와서 많이 재건되고 복원되어 왔음이 확실하지만, 그것은 하나의 역사적 사실이다. 인류문화에 그만큼 크게 영향을 미친 이는 없을 것이다. 그런 예수를 왜 오강남 교수가 '예수는 없다'고 했을까. 해답은 오늘날 우리의 기독교를 보면 알 것 같다.

교회가 정치 권력화하고, 오만해지고, 물질만능에 오염되어 초호화판에, 대형화로 속물화되는가 하면 목회자들이 대를 이어 세습하는 등 본래의 예수와 생판 다르게 가고 있다. 이것은 중세의 구교가 그렇게 부패했을 때 개혁을 부르짖었던 그 개신교들이 그때의 그 구교를 꼭 닮아가는 모습 같아서 가슴 아프고 걱정스럽다. 그런가 하면 일부에서는 타종교를 인정하지 않는, 소위 유일신에 사로잡혀있기까지 하며 예수를 핑계 삼아 사이비기독교로 변질하고 있다. 예수가 없다는 뜻은 바로 여기에 있다. 참예수가 오늘의 이런 모습을 보았다면 얼마나 실망하고 노하였을까.

나는 이번 여행이 비록 고되고 힘들었지만 낮은 곳에서 가난하고 불쌍한 양을 인도했던 원형의 참예수를 만날 수 있었다는 데 큰 보람을 느낀다. 종교는 가난해야 한다는 오강남 교수의 말을 이제야 이해할 것 같다.

악어가 흘린 눈물

김정일의 죽음 앞에 북한 아녀자들이 땅을 치며 통곡하고 몸부림친다. 그 모습을 보고 있으려니 어쩌면 우리가 한(恨)의 민족이 아닌가도 싶다. 배불리 먹지 못한 한, 잔학했던 폭정에 시달린 한, 세계에서 최빈국의 나라로 만들어 놓고 저만 호의호식하다 죽어 혼자 유리관에 누워 호사하는 모습을 보고 원한을 푸는 한이 오직 눈물뿐인지도 모른다. 비록 그 눈물이 악어의 눈물인지, 네로의 눈물인지는 알 수 없다. 악어란 놈은 먹잇감을 삼켰을 때 눈물을 흘리지만 네로가 흘린 눈물은 로마를 불바다로 만들어 놓고 운 눈물이었다니 어느 눈물이 진짜 슬퍼서 우는 눈물일까. 헷갈린다.

어쨌든 가슴이 꽉 막혔을 때 눈물을 흘리고 나면 한이 후련히 씻겨 나가는 느낌이 든다. 억울할 때 울고, 가슴이 아플 때 울고, 서러워서 울고, 그래서 남이 울면 옆 사람도 덩달아 울음이 나오기까지 한다. 이때 울지 않으면 왕따 당하는 기분이 든다. 북한 주민들이 우는 모습은 마치 그들이 왕따를 피해 우는 울음인지 모른다.

우리에겐 예로부터 초상집에 곡(哭)이 끊어지면 동네에서 흉을 보는 풍습이 있다. 처량하고 애절한 곡이 흘러 나와야 그 집에 효자가 있고 죽은 이가 호상으로 가는 걸로 믿는다. 나는 어려서 증조부모와 조부모가 돌아가시자 어른들이 곡을 하고, 울다가 지치면 교대로 곡을 이어가는걸 보았다. 곡은 릴레이식으로 이어가서 끊어지지 않아야 한다. 그 곡도 부모가 돌아 가셨을 때 우는 곡과 부모가 아닌 다른 분의 초상 때 곡이 다르다. 언뜻 들으면 같은 곡으로 들릴지 모르나 그 소리가 같지 않다. 부모일 때는 '아이고, 아이고' 하고 울지만 다른 경우는 ' 어이, 어이' 하고 울어야 한다. 보나 마나 북한 주민들은 땅을 치며 '아이고 아이고' 하고 울었을 것이다. 김정일은 그들에겐 아버지이자, 신이었기 때문이다. 사람은 죽으면 귀신으로 돌아간다고 믿는데, 북한의 김정일은 신(神)으로 살다가 죽어서 사람(人)으로 돌아 왔으니 그들에겐 솔직히 헷갈렸을 것이다. 신의 존재가 별것이 아니라 저네들과 같은 사람인 것을 알아 차렸을 때의 황당함은 어떠했을까.

이런 곡문화 때문인지 옛부터 곡을 전문으로 해주는 곡꾼이 등장하기도 했다. 이집 저집을 돌아다니면서 동네의 초상집에 가서 처량하게 울어 준다. 상주가 병약하든가 노쇠해서 울 수가 없을 때 그들이 대신해서 초상 분위기가 물씬 풍기도록 진하게 울어 주어 주위 사람들마저 눈물을 흘리게 한다. 그런데 북한 주민들이 우는 모습을 보면 오히려 저 눈물이 진짜일까 아니면 강요에 의한 연출된 가짜일까 그 속내에 더 궁금증이 간다.

D.H. 로렌스의 소설 「차타리부인의 사랑」에 보면 재미있는 장면이 나온다. 코니가 새 남자 애인이 생겨서 성불구의 본남편을 버리고 집에 돌아가지 않겠다고 편지를 하자 남편은 이 편지를 보고 슬픔이 차올라 울먹인다. 옆에서 그를 간호하던 볼트 여사가 먼저 울기 시작한다. 볼트여사의 슬픈 눈물로 크리포트의 감정이 진정되는 것 같다. 그렇게 울다 보니 그 울음이 크리포트의 슬픔보다 볼트 자신의 신세가 더 슬퍼 진짜 울음이 되고 만다.

그렇다면 북한 여성들의 울음도 짐작이 간다. 분명 볼트 여사와 같은 자기신세를 한탄하고 비참해서 울 수도 있다. 눈물은 그렇게 아픔을 먹고 자란 한 그루 나무다. 여자의 눈물만큼 흔한 눈물이 없다. 소크라테스는 일찍이 여자의 눈물을 믿지 말 것이며 마음대로 우는 것이 여자의 천성이라고 했지만, 김정일의 죽음 앞에서 우는 북한 여성들의 몸부림치는 눈물에는 아무래도 슬픔의 눈물이라기보다 자기신세의 아픔의 눈물일 것이다.

그렇다면 그 눈물은 네로의 눈물보다 악어의 눈물에 더 가깝다. 악어란 놈은 먹잇감을 삼킬 때 눈물이 나는데 그 눈물은 슬프거나 후회의 눈물이 아니라 생물학적으로 반사된 눈물이어서 이를 위선의 눈물로, 또는 가짜 눈물로 간주한다. 북한 주민들의 눈물은 철저한 감시와 통제 속에 운다. 가식과 위선에 익숙해진 북한 체제에서 흘리는 눈물은 생활고와 빈곤 속에서 터져 나온 원망과 아픔의 눈물이지 김정일 죽음에 대한 슬픔의 눈물은 아닐 것이다. 그런 가짜 눈물마저 흘리지 않을 경우 적발되면 수용소로 간다. 이판사판 실컷 울어버리는 것이 생존전략으론 현명할지 모른다.

더욱 충격적인 것은 그 추위에도 불구하고 길바닥에 엎드려 통곡하는 장면은 아직도 북한이 봉건왕조시대에 와 있기나 한 듯하다. 북한이 김씨왕조이면 조선은 이씨왕조다. 같은 왕조에서 세습도 다를 게 없다. 3대가 세습되는 두 왕조를 수평으로 비교해 보면 북한은 조선의 3대 태조시대에 와 있다는 느낌이 든다. 이런 시대착오적인 봉건 폭정이 오늘 날 자유민주주의 시대에 얼마나 지속될지 의심스럽다.

김정일이 '이밥에 고깃국을 먹이고 기와집에 사는 나라로 만들려고' 했다던 김일성의 유업을 지키지 못한 채 수백만 명을 굶어 죽게 한 죄업을 안고 갔다. 김정일 자신이 중국과 러시아처럼 개방 개혁을 했었더라면 오늘의 빈곤은 면했을 것이고 북한 주민은 악어처럼 가짜눈물을 흘리지 않고 네로가 흘린 그런 진짜배기 슬픈 눈물을 흘렸을 것이다. 우리는 이제 그런 가짜 눈물보다 진짜배기 눈물을 보고 싶다.

가난하게 태어난 것은 당신의 잘 못이 아니지만 가난하게 죽는 것은 당신의 책임이라는 빌 게이트의 말을 빌린다면 그간 수백만 명의 아이들이 영양실조로 죽은 것이 북한 주민의 탓이 아니라 바로 김정일의 탓이 틀림없다. 눈물만큼 빨리 마르는 것은 없다지만 어린 김정은만이라도 북한 주민들이 삼시 세끼를 먹게 해 주어 북한 주민이 진짜 눈물을 흘리는 날이 빨리 왔으면 좋겠다.

헌책은 쌓이고

이것저것 적지 않은 책들이 매달 배달된다. 정기 문학간행물에서부터 시집과 수필집을 비롯 여러 작품집들이 온다. 일일이 읽어 볼 시간도 없이 계속 새로운 책들이 쌓여 간다. 내가 서점에 가서 읽고 싶어 사온 신간 책까지 합친다면 책상 위가 그득하다. 옛날 같으면 즐거운 비명이라도 지를 터이지만, 이제는 노쇠해가는 시력으로는 감당할 수가 없다. 나같이 별 볼일 없는 사람에게 이 정도로 책들이 오고 있으니 유명작가들에겐 어떠할까 짐작이 간다. 무명, 신진 할 것 없이 자기 작품집에 유명작가의 눈빛 한 번 주길 바라는 마음이 오죽하랴 싶다. 그래야만 그 길로 앞이 트이는 모양이다.

사정이 이렇다 보니 몇 달간 집을 비웠다가 돌아와 보면 책들이 거짓말 없이 사과상자 가득 쌓여 있다. 이것을 어떻게 다

읽고 회신을 해주나 생각을 하니 기가 찰 때가 많다. 책을 출판한 사람들에겐 책 한 권을 내기 위해 거기에 쏟아 부은 시간과 노력이 엄청날 것이며, 또한 경제적 부담 역시 만만치 않을 것이다. 그들에겐 어려운 산고를 겪고 나온 자식이나 마찬가지일 것이다. 그런 생각을 하다 보니 보내 준 이의 책에 대해 고마운 심정을 갖게 되고 책 한 권 한 권에 오롯한 정이 느껴지는 듯하다.

책을 읽을 때는 시간 가는 줄 모르다가 읽고 난 책들이 하나 둘씩 쌓이고 보니 고민이 생기기 시작한다. 방은 좁고 한정되어 있다. 책에 대한 욕심은 지적 허세와 맞물려 남달리 큰데 이를 다 보관할 수가 없어 걱정이다. 서가를 비워도 그때는 좀 여유롭게 느껴지다가 한동안 잊고 지나면 금세 또 책이 쌓인다. 그렇다고 이 책들을 다 어데 창고에 보관할 수도 없는 형편이다.

내가 한때 몸담고 있던 대학에서 정년 할 때가 생각난다. 그때 내 연구실은 지금 내가 쓰는 서재보다 몇 배가 되었다. 거기에 삼면이 바닥에서 천장까지 내 전공인 도시공학책이 꽉 차 있었다. 그것도 모자라 연구실 가운데에 서가를 더 세워 마치 도서관 서고처럼 쓰고 있었다. 그 당시만 해도 장서가 많은 게 자랑이다시피 되었다.

정년이 다가오자 은근히 걱정이 앞섰다. 자그마치 만여 권의 전공서적을 어떻게 다 집에 갖고 간다는 말인가. 집에도 이미 내가 읽는 책들이 적잖이 쌓여 있는데 갖고 간들 무엇에다 쓸 것인가. 제2의 인생을 살아야할 판인데 그때서야 비로소 채우는 것도 좋지만 비우는 것이 더 아름답다는 걸 알아 차렸다. 그래도 나는 운이 좋아 대학도서관에다 몽땅 기증을 할 수가 있었다. 아마도 내가 도서관장을 했다는 전관예우차원이 아닌가 생각된다. 요즘엔 어림도 없는 일이다. 이젠 디지털 도서관이 되어 종이책은 아날로그에다, 나온 지 오래된 헌책들은 받지도 않는다.

헌책이 이렇게 천대를 받는다니 가슴 아프다. 헌책과 새책의 구분이 무엇일까. 헌책도 한때 새책이었을 것이고, 헌책 역시 헌책 나름이지 어떤 분야는 헌책일수록 값이 나가는 것이 있고 새책이라도 독자로부터 외면을 당하면 헌책만큼도 못한 신세가 되고 만다. 우리가 어려울 때 표지도 없는 헌책에 커버를 새로 씌워가며 돌려 보았던 기억이 있는데 그것들이 하나 같이 오늘의 어떤 새책보다 좋았다. 그렇다면 헌책은 많이 읽힌 책이고 새책은 한 번도 읽혀지지 않았다는 게 아닌가. 책은 읽힘으로써 그 소임을 더해 가는 게 아닐까. 누군가에게 읽혔다는 것은 그 사람의 따뜻한 눈동자가 머물렀을 것이고, 그래서 사람의 온기가 스며들었을 것이다. 사람으로부터 사랑을 받았던 만큼 행복한 책이 어디 있을까.

그런데 사랑을 듬뿍 받았던 헌책도 어쩔 수 없이 버림을 받아야 한다. 정말 안쓰럽다. 매일 매일 나를 찾아오는 새책들인들 언제까지나 나와 함께할 수가 없지 않은가. 비좁은 방을 더 늘릴 수도 없고 그렇다고 서가를 더 들여 놓을 형편도 못되니 누군가는 자리를 비워 주어야 할 판이다. 비우는 것이 채우는 것보다 더 어렵고 가슴 아프다. 내 손때 묻고 온기가 배어있는 책을 누구에게 준다는 말인가. 마치 힘들여 키운 딸을 시집 보내는 아비의 심정과 같다고나 할까.

그렇다고 옛날 교복이나 국정교과서처럼 동생들에게 내려가며 사용되거나, 물려줄 수는 없는 처지여서 헌책들은 어쩔 수 없이 나와 인연을 끊고 집을 떠나 누군가에게 가야 한다. 이사갈 때 책더미를 바라보며 퇴출시킬 책과 갖고 갈 책을 놓고 고민하던 그런 어려움이 생각난다. 이제 쌓여가는 헌책을 보니 그런 버려야 하는 아픔이 차 온다.

나는 노끈을 들고 와 본의 아니게 퇴출할 책을 단단히 묶는다. 도망가지 못하게 가로 세로 묶는다. 그리고 마음속으로 빈다. 엄동설한에 바깥에서 비바람에 떨고 있지 말고, 길거리 쓰레기통에서 엿장수에게 붙잡혀 재활용공장에 가지 말 것이다. 그리고 찢어서 연초를 말아 피우든가, 아궁이 불쏘시개로 태워 없어져도 안 되며 더 더욱이 재래화장실에서 밑씻개로 쓰여서도 안 된다.

비록 노끈으로 묶여 있지만 나는 헌책을 새 주인에게 시집 보낸다고 생각한다. 운이 좋아 누군가의 집으로 가서 새 보금자리를 얻어 사랑을 받길 바란다. 나보다 더 큰 서재에서 후한 대접을 받으며 시력이 좋은 젊은 주인으로부터 따뜻하고 애정 어린 눈으로 읽히고 또 읽혀서 때가 묻고 온기가 배어 오래 오래 그렇게 서가에 사랑받아 주었으면 한다. 그리고 더는 그곳에서 퇴출의 불명예를 받지 않길 바란다. 한 번으로 족하다. 비록 우리 집에서는 운이 없어 헌책이라고 밀려난 신세가 되었어도 새 보금자리에서는 책 껍질이 낡아서 새 표지를 달아서까지 읽히고 사랑을 받길 바란다. 그리고 너를 매정하게 내동댕이친 나를 잊어주고 원망일랑 하지 말았으면 더 고맙겠다.

월야탁족

삼복폭염이 짓누를 때면 옛날 선비들의 피서법이 생각난다. 그 시절 가장 손쉬운 피서법은 세숫대야에 우물물을 채워 놓고 발을 담그고 있는 게 전부였다. 어릴 때 우리 할아버지께서도 가끔씩 그렇게 더위를 쫓는 걸 보았다. 발을 담그고 있으면 등골부터 시원해 오는 느낌이 든다. 여기에 부채를 들고 땀을 쫓으면 신선이 따로 없다. 에어컨이 흔해빠진 오늘날에도 신문을 보니 아직도 명사들의 피서법에 이런 탁족이 소개되는 것을 보니 놀라지 않을 수 없다.

우리의 발이라는 게 여간 신기한 물건이 아니다. 인간이 서서 다니는 동물이다 보니 발이 유관하기 그지없다. 하지만 컴컴한 가죽신발 속에 양말로 싸맨 채 고약한 냄새 가득한 암실에 갇혀 있어야 하는 발의 신세는 좀 처량하다. 그것도 잠시 잠깐

이 아니라 주인의 직업에 따라 종일 갇혀 있을 때도 있다. 그러다가 신발을 벗고 발을 물에 담그고 있으면 그동안 쌓였던 피로가 씻기면서 시원한 느낌이 발끝에서부터 서서히 위로 올라가 머리를 개운하게 해 준다. 발이 확실히 인체에 중요한 기능을 하는 게 분명하다. 한의사에 따르면 발바닥에 심장과 신체 오장육보의 기능이 다 모여 있다는 것이다. 어쩌면 발을 그렇게 천대할 것이 아니라 신체 어느 부위보다 더 귀히 여겨야 할 듯하다.

최근 어느 책에서 다산이 18년간의 유배생활에서 풀려나와 쓴 열여섯 가지의 피서법을 기록해 놓은 것을 읽은 적이 있다. 이를 테면 그네타기, 바둑두기, 연못 구경하기, 매미소리 듣기, 한시짓기 등 열여섯 가지인데, 이 가운데 단연 내 흥미를 끈 대목은 달밤에 발 씻기(月夜濯足)였다.

생각해 보라. 그것도 맹물에 발을 씻는 것도 아니고 달이 휘영청 내려와 그림자를 드리우고 계곡물이 졸졸 흐르는 바위에 걸터앉아 발을 씻고 있으니 이것은 한 폭의 그림 같은 신선놀음이 아니고 뭔가. 온 사방에서 풀벌레 소리가 들리고 소나무향이 코를 간질이면 그곳이 천당이 틀림없다. 더위가 왔다가 놀라 도망갈 것이다. 우정 욕탕으로 가서 세숫대야에 수돗물을 채워 놓고 발을 담그는 그런 구차스런 요즘의 궁색과 비교가 안 된다. 그 지긋지긋한 유배생활을 하고 돌아와서도 품위있는 여름나기 낭만을 생각해 낸 그는 확실히 위대한 분이시다.

나는 여기서 이윤경(1545~1611)의 「고사탁족도(高士濯足圖)」가 생각난다. 아마도 다산은 이 그림을 연상하고 여름의 더위를 쫓지나 않았을까 싶다. 나무그늘에 앉아 계곡물에 발을 담그고 있는 촌로는 바짓가랑이를 걷어 올리고 풀어헤친 도포자락 사이로 살찐 통통한 배를 드러낸 채 앉은 모습이 고품격의 선비같지는 않아 보인다. 하지만 산 속에서 누가 보랴. 격식없는 모습이 한없이 자유롭다. 욕심 같아서는 달밤에 탁족을 했다면 이 선비도 다산이 꿈꾸던 그런 여름나기에 진배없었을 듯하다.

내가 한때 몸 담고 있던 대학에 병자년(1936) 동갑내기가 다섯이 있었다. 우리는 죽이 맞아 오동갑계(五同甲契)를 만들어 외식도 하고 가끔씩 등산을 가기도 했다. 입소문을 타더니 하루는 우리 대학 총장이 자기도 병자생이니 한 몫 끼자는 기별이 왔다. 나는 한방에 거절을 했다. 여섯 동갑이 모이면 '병신육갑' 한다고 놀릴지 모른다고 우겼다. 사실은 그것은 핑계였고 속은 다른데 있었다. 오동갑은 다산만큼이나 달밤의 발씻기는 아닐지몰라도 꽤 멋진 경험을 한 일이 있다. 그때 우리는 늦가을 설악산 등반을 갔었다. 동료교수 한 분의 안내를 받아 오색약수터에서 올라가 대청봉을 보고 희연각에서 새우잠을 잔 후 설악으로 내려가 온천을 하고 속초바닷가 횟집에서 오징어회에 소주를 마시는 코스의 1박 2일 일정을 가졌다. 좀 벅찼지만 한창 나이라 할 만했다. 그런데 가파른 언덕을 한참 오르다 보니 시답잖은 아침식사 때문인지 이내 배가 고파왔다. 계곡이 나왔다. 우리는 계곡에 발을 담그고 각자 갖고 간 도시락을 풀어 놓고 요기를 채웠다. 사방은 도토리 활엽수가 그늘을 만들어 주었는데 물이 얼마나 차가웠던지 이내 발이 시려왔다. 바위 틈새로 흘러내리는 물소리도 좋았다. 가재가 나올 것만 같았고 새소리도 들려 왔다. 지금 생각하니 다산이 즐겼을 달밤이 아닐 뿐이지 산 속 느낌은 별반 차이가 없었던 같다. 만약 밤에 발을 담그고 있었다면 다산의 월야탁족이 영락없었을 것이다. 300년의 시공간을 뛰어 넘어 다산과 나는 하나가 되는 착각을 만들게 했을지도 모른다.

이토록 폭염에 시달릴 때면 잡기에 멍통인 내가 누구와 바둑을 두며, 한시를 지을 실력이 없는 내가 누구와 그런 멋을 낼 수가 있으랴. 이 나이에 그네 타다 가는 뇌출혈이라도 일 것이다. 목욕탕에 가서 세숫대야에 수돗물을 받아 발을 담그는 방법밖에 없을 듯하다. 오늘따라 다산의 월야탁족이 더 없이 멋스럽고 낭만스러워 보이는 것은 마음을 놓고 자연에 심신을 맡긴 채 삶을 관조하고 속도에 찌든 현대인에게 탁족이 해독제역할을 하지 않을까 싶기 때문이다. 그렇다면 그의 월야탁족은 단순한 더위 쫓기가 아니라 슬로 라이프(slow life)이자 치유(healing)인지도 모른다.

마음이 간절하면 보인다

어느 날 부처가 그의 수제자 아난다의 머리를 쓰다듬으면서 다정하게 물었다.

"네가 이것을 보느냐."

아난다는 대답했다.

"네. 봅니다".

"무엇으로 보느냐."

"모두 눈으로 보았습니다."

그러자 부처는 가르쳐 준다.

"아난다야, 눈은 다만 대상을 비출 뿐 보는 것은 마음이니라."

최인호가 쓴 에세이집 「산중일기」에 나온다.

우리 주위에는 눈을 갖고 있으면서 보지 못하는 사람이 많다. 눈 뜬 장님이 많다는 이야기다. 얼마나 불행한가. 본인을 위해

서나 나라를 위해서도 불행한 현실이다. 마음을 열지 않기 때문에 제대로 보지 못한다. 요즘처럼 하루가 다르게 변하는 세상에 마음을 열고 그 빠른 변화를 보지 못하는 것은 어리석기 짝이 없다. 구한말 당시 배운 사람이나, 벼슬을 한 사람이나 모두 눈 뜬 장님처럼 국제정세의 변화를 마음으로 받아들이지 못하고 나라를 잃고 나서야 통곡하고 자결하고 애통해 했다. 소 잃고 외양간 고치는 격으로 그제서야 독립운동한다고 그 고생을 하지 않았는가. 반성해 본다.

우리나라 사찰 이름 가운데 개목사(開目寺)니, 개심사(開心寺)라는 절이 많다. 눈을 뜨게 하고 마음을 열게 하는 절이라니 얼마나 좋은가. 부처의 이야기와 무관하지 않다. 경북 안동에 봉정사가 있다. 영국 엘리자베스 여왕이 다녀갔다고 해서 유명세를 타고 있는데, 바로 그 절 산등 하나 넘어 개목사라는 조그마한 절이 있다. 사실 이 절이 사람들이 북적대는 봉정사보다 훨씬 아늑해서 좋고 머물고 싶은 절이다. 여기에 조그마한 암자를 하나 짓고 노후를 보내고 싶을 정도다. 올라가는 길이 가파르고 커브가 심하지만 절에 가서 보면 절을 둘러싸고 있는 아름드리 소나무와 산형상이 너무 아름답다. 주지 형공스님에 따르면 신라시대 때 안동에 장님들이 많았다. 하루는 주지스님의 꿈에 절 이름을 개목사로 바꾸면 이들 장님이 눈을 뜬다고 해서 그 후 절 이름을 개목사로 바꾸었다고 한다. 처음 들으면 의아하게 들리지만 그 깊은 뜻은 역시 눈과 마음은 둘이 아니요 하나라는 것이다. 마음이 간절하면 눈에 들어온다는 이야기다.

미국의 유명한 여류작가이자 사회운동가였던 헬렌 켈러도 그랬던 것 같다. 생후 10개월 때 열병으로 시력과 청력을 잃었지만 그녀는 47년간의 가정교사이자 동반자인 셀리반 선생의 지극한 도움으로 비록 읽고 보지 못하는데도 세상과 사물의 원리를 꿰뚫어 보았다. 일찍이 사회변화에 눈을 떠 여성운동을 외치고, 사회평등과 흑인차별의 철폐를 주장했다. 듣지도 보지도 못하는 헬렌이 어찌 이토록 눈 뜬 사람보다 더 앞서 갈 수가 있었을까. 물론 그 뒤편에는 스승 셀리반의 극진한 가르침도 있었겠지만 본인 헬렌 스스로가 보지 못한 눈을 마음을 통해 떴기 때문일 것이다. 멀쩡하게 생눈을 가지고도 눈 뜬 장님 행세밖에 못하는 요즘 사람들보다 훨씬 앞서갔다. 앞서가는 삶은 안목이 있는 모양이다. 내가 고등학교 불어시간에 배운 '눈에서 멀면 마음에서 멀다'는 속담이 헬렌을 보고나니 오히려 '마음에 있으면 눈에서 보인다'는 역설적인 풀이를 하고 싶다. 그만큼 눈 보다 마음이 더 중요하다는 것이다. 그녀는 백악관을 방문해서 아이젠하워와 케네디 대통령의 얼굴을 각각 만져 보고 나서 이렇게 말했다.

"이 세상에서 가장 아름다운 것은 보이거나, 만져질 수 없다. 그것은 마음속에 있다."

눈으로 본다고 그냥 보아지는 게 아니다. 식견이 있어야 세상물정을 이해하고 안목이 넓어진다. 그냥 단순한 사물의 표피만 보는 것이 아니라 옳고 그름, 검고 흰 것을 판단할 줄 알아야 한다. 고정관념에 갇혀 마음을 닫고 있으면 보이지 않는다. 조선의 임제(林悌)라는 선비가 어느 잔칫집에 갔다가 술이 만취해 집으로 돌아가려고 말을 타자 하인이 다가 와서 신발이 짝짝이라고 알렸다. 한쪽 발에는 나막신을, 다른 한쪽에는 가죽신을 신고 나왔다. 그러자 임제는 "이놈아, 내가 말을 타고 가면 왼쪽에 있는 사람은 내가 가죽신을 신었다고 생각할 것이고, 오른쪽에 있는 사람은 내가 나막신을 신었다고 생각할 것이니 뭐가 문제냐." 임제다운 풍자가 엿보인다.

눈으로 아무리 좋고 그름을 보려 해도 이렇듯 사람들은 늘 긍정적으로 보는 이가 있고 부정적으로 보는 이가 있게 마련이다. 그것은 마음 때문이다. 마음이 지혜롭지 못하기 때문이다. 평범한 것 속에서 비범을 읽어내고 일상의 모든 것에 예민한 촉수를 내미는 간절함이 세상을 밝게 만든다.

책에 답이 있다

우리 주변에 재미있는 변화가 일고 있다. 한때 경기도 양평의 용문산 일대에 백여 개의 뱀탕집이 성업을 했는데 언제부터인가 그들이 모두 한정식집으로 간판을 갈아 끼웠다. 뱀탕이 남성들의 정력제로 알려지면서 중장년층이 즐겨 찾던 곳인데 왜 이렇게 하루아침에 사라졌을까. 궁금하다.

'비아그라' 때문이다. 알약 한 개면 금세 효과가 있는데 누가 그 먼 산골짜기까지 가서 몇 시간씩 기다렸다가 한 사발을 먹고 오겠는가. 비아그라는 보험으로도 되고 값도 싸다. 그렇다고 뱀탕이 금방 효과가 있는 것도 아닌데 시간적으로나 비용상으로나 경쟁이 되지 않는다. 고령화시대에 있어서 발기부전제 수요가 늘고 있는 현실에서 뱀탕집이 될 리가 없다. 마치 아날로그시대에서 디지털시대의 변화를 실감하는 듯 일찍이 그 변화를 읽은 업주들은 자기 치즈가 없어지는 것을 알아차리고 다른 업종으로 살아남았다. 이 얼마나 현명한가. 하지만 미련스럽게 이런 변화를 읽지 못한 업주들은 망했다.

비아그라 덕분에 천적이 없어진 뱀들은 신이 났다. 사람들이 잡으러 오지 않으니 개체수가 늘어나 온 산에 독사, 구렁이, 살모사들이 살판나서 자기네들을 괴롭히던 인간들을 되레 위협하게 되었다. 뿐만 아니라 중국에서 들어오던 뱀 밀수꾼들도 직업을 잃게 될 판이다. 미국이 개발한 비아그라가 한국의 뱀탕집과 중국 땅꾼들의 치즈를 먹어치울 줄 누가 감히 짐작이나 할 수 있었을까. 한 변화가 다른 변화를 가져왔으니 세상의 모든 변화가 서로 톱니바퀴처럼 돈다는 이야기다.

변화는 이렇게 새로운 미래를 가져 온다. 그러나 불행하게도 한때 우리 조상들은 밀려오는 새로운 변화를 읽기는커녕 그 자체를 요사한 망령이라고 거부했던 일이 있었다. 조선조 후기 실사구시의 변화를 주도했던 세력들이 성리학에 위배된다고 모조리 죽임을 당하든가 귀양을 보내고 그들이 읽던 책들은 모두 불살라 버렸었다. 이 아둔한 맹꽁이들이 썩은 정권을 유지하기 위해 권력의 진입로를 독점해 버렸고, 부와 명예를 거머쥐는 과거제도를 끼리끼리 작당하여 부정시험을 일삼아 왔다. 시험문제를 누출하고, 대리시험을 치고, 커닝을 하고, 쪽지를 돌리고, 아니면 아예 모의답안을 바꿔치기까지 하였다. 그뿐이 아니다.

합격통지서를 미리 써놓기까지 했다. 새로운 근대국가로의 변화가 원천 봉쇄된 채 일본식민지로 끌려가고 있었다. 「백범일기」를 보면 김구 역시 그런 썩은 과거제도를 보고 분노하여 사회개혁 운동을 일으켰다고 회고한다.

어려서 읽는 책은 꿈을 찾기 위해서다. 책에 꿈이 있고 길이 있기 때문이다. 영웅전을 읽으면 책의 주인공처럼 영웅이 되고 싶고 연애소설을 읽으면 누구나 그런 멋진 연애를 하고 싶은 게 젊어서의 꿈이다. 책은 자신을 가두어 두지 않고 해방시켜 훨훨 경계 없는 공간을 헤집고 다니게 한다. 꿈에 날개를 달아 준다.

책을 통해 나 자신이 변해 가고 있음을 느낀다. 나이 때문인지 돌과 같이 바람과 같이 살다가 꽃과 흙에 기대고 그것에 순응하길 원한다. 엄청난 아픔 속에서도 긍정의 기쁨을 찾아내는 자연의 모습을 닮아가고 싶다. 서점에 가서도 내가 찾는 곳은 따로 있다. 삶의 지식보다 지혜를 주는 고전을 찾는다. 책 속에서 나를 읽고 나를 보며 느리게 비우며 살기 바란다. 책은 나에게 달콤한 꿈을 가져다주기에는 너무 늦었다.

H.D. 소로우는 그가 쓴 「숲속의 생활」에서 책을 부의 보물이라고 했다. 수도승처럼 숲속에서 살다 간 그가 왜 책을 부의 보물이라고까지 했을까. 어쩌면 그 부(富)란 지식일 수 있고, 지혜일 수 있으며 그 책을 통해 변화를 읽을 수가 있는 것까지 포함하고 있는지도 모른다. 그래서 그는 라틴어 「일리아드」를 침대 옆에 두고 지

냈으며 알렉산더 대왕은 그것을 말안장에 넣어 두고 읽었다고 한다. 그들 역시 책을 통해 삶의 지혜를 찾으려고 했을 것이다.

변화할 줄 모르면 생존할 능력을 상실한다. 우리는 변화라는 화두를 안고 산다. 그 변화는 우리를 송두리째 흔들어 놓기도 하며 보다 안전한 삶을 향한 이정표가 되어주기도 한다. 한때 삼성그룹의 이건희 회장은 마누라를 제외하고 모두 바꾸어야 한다고 했다. 그러나 우리는 유감스럽게도 낯익은 환경에서 안주하길 원한다. 한 발 먼저 변화를 읽을 줄 아는 이가 부와 명예를 거머쥐는 시대가 왔다는 사실을 인정하지 않는다.

스펜서 존슨의 「누가 내 치즈를 옮겼을까」에서처럼 매일 조금씩 치즈가 없어지는데도 그것이 없어지는지도 모르고 있다가 어느 날 갑자기 자기가 먹던 치즈가 없어진 것을 보고 내 치즈가 어디 갔느냐고 울고 불고 해봐야 무슨 소용이 있는가. 매일 변화해 가고 있는 현실에 눈을 뜨지 않고 늘 그렇게 계속되리라고 생각하는 것만큼 어리석은 이가 없다. 변화는 기술변화일 수 있고, 하루아침에 직장이 없어지는 것이기도 하고, 재물과 건강이기도 하며 때로는 영적인 변화나 인간관계이기도 하다. 더 중요한 것은 그 자신이다. 모든 것이 영원할 수가 없다. 소로우처럼 「일리아드」가 아니라도 좋은 책 한 권 내 옆에 두고 있으면 마음이 편할 것만 같다. 그 책 속에 내 꿈이 있고 답이 있을 것만 같다. 그리고 새로운 변화를 읽는다.

내 마음 나도 몰라

이 세상에 사람의 마음만큼 알쏭달쏭한 게 없다. 수도승처럼 마음이 평정하고 매임이 없이 텅 비어 있으면 오죽 좋으련만 우리의 마음은 그렇지가 못하다. 수시로 변하는 게 사람의 마음이다. 내가 글을 쓰다 보면 생각했던 것이 막힘없이 술술 나올 때가 있는가 하면 어느 때는 자판기를 켜 놓고도 한 줄을 못 쓸 때가 있다. 왜 그런가. 마음 한구석 어딘가에 옹이 박혀있기 때문이다.

여자의 마음은 갈대와 같다느니, 어느 유행가에서처럼 '내 마음 나도 몰라'라고 했듯이 모르는 게 사람의 마음이다. 아침에 일어나서 마음에 먹구름이 끼면 그날 종일 일이 풀리지 않는다. 하루에도 수천 번씩 변하는 게 사람의 마음이다. 이런 변덕스런 마음을 어떻게 만질 수가 있을까. 사람의 얼굴은 화장기술이 발달하고 성형술로 가꿀 수 있는데 사람의 마음을 가꾸는 기술은 왜 없는가. 사람의 겉은 가꾸기에 쉽지만 속마음은 그렇지가 않다. 그렇다보니 요가니, 선이니 하고 마음을 다잡아 보려고 하지만 그것 역시 쉽지 않다.

화초에 따뜻한 눈빛과 사랑을 보내면 꽃이 화사하게 피고 향기도 낸다는데 밉다는 마음과 분노한 눈빛을 주면 꽃이 피지도 못하고 시든다고 한다. 준 것 없이 미운 사람이 있는가 하면, 자기에게 아무런 이익을 준 것도 없는데도 좋게 생각 되는 사람이 있다. 밉다고 생각되면 그 사람의 목소리와 걸음걸이조차도 마음에 안 들어 한다. 사실 따지고 보면 밉다고 생각되는 그 생각이 마음속에서 자리 잡고 있기 때문에 미운 것뿐이지 밉다거나 좋다는 것은 생각의 결과일 뿐 그 사람의 본질과는 아무 상관이 없다. 편견의 결과다. 부정적 생각이 마음을 그렇게 만든 것이다.

한때 웰빙이 유행하면서 우리 몸에 좋다는 것을 경쟁적으로 먹더니만 이제는 너무 먹어서 몸과 마음에 탈이 났는지 요즘에 와서는 웰힐링(well healing)이 또 유행하고 있다. 도대체 무엇이 고장 났기에 치유하겠다는 것일까. 각박한 경쟁사회에서 살다 보니 스트레스와 불안, 고통 등이 사람의 가슴을 옥죄고 있어서일 것이다. 그러나 그 본질은 마음이다. 원래 인간은 날 때는 순수하다는 게 선현들의 말이다. 마음은 본래 텅 비어(空) 있다는 것이다. 그런 것이 점차 자라면서 이것저것(色)을 외부로부터 받아들이면서 마음이 걷잡을 수 없게 변화해 간다는 것이다. 마치 미운 사람이 생기고 좋아하는 사람이 생기는 것과 같다.

오프라 윈프리가 TV좌담 프로에 나와 재미있는 이야기를 한 일이 있다. 그녀는 미국 TV 연예 프로를 갖고 있으면서 지난 수십 년간 미국 사회에 엄청난 명성과 부를 얻은 미국 흑인 연예인이다. 그런 그녀가 하는 말이 미국에는 아직도 어릴 적부터 검은색(black)은 나쁘다고 교육을 시키는 아주 오래된 관습이 뿌리 깊게 자리하고 있다고 한다. 흑인에 대한 백인의 편견을 노골적으로 비판한다. 중남미에 가면 성모마리아가 모두 흑인이다. 그녀의 논리대로라면 흑(黑)색이 나쁘다는 것은 백인들의 편견일 뿐, 흑이 나쁘고 백(白)이 좋은지는 아무도 모른다. 사람이 만들어낸 생각의 결과이다. 남아프리카의 흑인 인권지도자 넬슨 만델라는 백인에 의해 27년간의 감옥생활을 하고 풀려 나오면서 그의 청춘을 송두리째 빼앗긴 회한, 분노, 비통, 증오를 마음에서 몰아내고, 그 자리에 용서, 관용, 화합을 담음으로써 진정 자유를 찾았다. 마음도 영혼도 자유로웠다. 그가 죽자 세계가 애도했다.

원래는 색의 실체가 없다(色卽是空). 뒤집어 생각하면 마음이 비었는데 색이 있을 수 없으니 공과 색은 같은 것이나 마찬가지다(空卽是色). 유치원에서 어릴 때부터 검은색, 흰색, 빨간색 등을 앞에 놓고 색깔의 이름과 이미지를 아이들에게 입력시키는 교육이 우리의 마음에 색깔을 입히는 것이고 편견을 만든 것이다.

1960년대부터 미국에서 월남전 반전운동과 함께 흑인인권운동이 시작됐을 때 흑인 지도자들이 검은색이 아름답다(Black is Beautiful)는 운동을 일으켰던 적이 있다. 이 운동은 그들에게 흑색깔에 대한 자부심을 일깨워 주었으며 동시에 백인들에게도 편견을 씻는데 도움이 됐던 것이 사실이다. 생각의 차이고 생각할 나름(一切唯心造)일 뿐, 흑이고 백이고는 현상일 뿐 하등 그 본질이 아니다. 괴테는 색깔이라는 것은 빛이 빚은 고통의 결과이지 원래 색채가 없다고 했다. 어둠과 암흑 속에서는 색이 없다. 그는 일찍이 마음의 중요성을 암시했다. 어느 가톨릭 신자가 선물로 받은 코발트색의 묵주가 너무 아름다워 매일 감사기도를 했다. 그러던 어느 날 묵주알을 보니 코발트색이 없어지고 유리알만 남았다. 유라알에다 색깔을 입힌 것이다.

괴테의 말처럼 원래 색이 없는데 빛이 온갖 다른 색을 만들듯이 사람의 마음 역시 원래는 비어있는데 검은색은 나쁘고 흰색은 좋다고 하고, 탐하며, 화를 내 남을 미워하는 등 온갖 생각이 들어와 마음을 하루에도 수백 번씩 요동치게 만든다. 만델라적인 자유를 가질 수가 없다. 그런 변화가 일 때마다 마음이 기쁘다가, 화가 나다가, 뒤죽박죽이 되어 참 나의 모습을 잃고 만다. 잔잔한 호수에 바람이 불어 파도를 일게 하는가 하면 간혹 먼지가 들어오고 낮에 햇볕이 비치기도 하며 밤에는 달이 와서 놀다 가지만 호수는 제 모습이다. 우리가 혼자 산다면, 주위에 아무도 없이, 정말 혼자이면 마음이 호수의 수면처럼 잔잔하고 평정할까. 불가능하다. 왜냐 하면 소크라테스의 말처럼 인간은 나면서부터 사회적 동물로 자라기 때문이다.

색이 없는데 색이 있다고 생각하게 만드는 사회현상에서 깨어나는 것이 깨달음이고 마음을 만지는 길이다. 마음은 자기의 성(城)일 수가 있다. 성문을 닫으면 감옥이 될 수 있지만 문을 열면 밖의 것을 들일 수가 있다. 감옥은 요지부동으로 사그라지지만 열린 마음은 밖의 모든 것을 받아들이며 적응한다. 검다, 희다라는 것은 원래 없는 것이니 공과 다르지 않고(色不異空). 텅 빈 것 역시 색과도 다르지 않다(空不異色). 마음은 만지기에 따라 예수가 되기도 하고 부처가 될 수 있다, 어떻게 만질 것인가. 마음을 채우지 말고 텅 비워 놓는 것이 곧 마음만지는 길이고 마음을 힐링하는 것이다. 거울에 먼지나 땟자국이 끼면 닦아내면 원래의 모습대로 맑고 밝아지듯이 마음에 땟자국을 없애는 것이 곧 깨달음이고 해탈이다.

2.

그해 여름

만송헌 이야기

만송헌(萬松軒)은 우리 집 당호다. 증조부의 호가 만송이다. 옛 선비집에는 현판 하나쯤을 쉽게 볼 수가 있고 지체가 높은 집에는 그것도 여러 개가 있다. 본인이 당호를 짓기도 하고 친한 친구나 스승이 주인의 삶의 가치를 나타내는 당호를 지어 주기도 한다.

안동 하회마을에 가면 사람들이 많이 찾는 서애종가와 겸암종가가 있다. 서애 류성용(柳成龍) 종택에는 대청마루에 조선조 명필 허목(許穆)이 쓴 '忠孝堂(충효당)'이란 현판이 그리고 서애의 큰형님인 겸암(謙庵)종택에는 '立巖古宅(입암고택)'이라는 현판이 각각 걸려있다.

내가 태어난 안동 내앞(川前)마을도 예외는 아니다. 의성김씨 500년 세거지에다 입향조 청계(青溪) 김진 선생을 비롯하여 아들 다섯이 모두 과거에 급제한 마을이어서 예로부터 글과 벼슬을 한 분들이 많아 당호를 갖고 있는 집이 있다. 내앞마을 안쪽으로 들어서면 당호 안내판이 여러 개 있어 그 집을 쉽게 찾을 수가 있다.

만송헌 현판은 퇴계선생 14대 종손 참봉공이 증조부의 호가 만송임을 듣고 기뻐 하시여 아들에게 명하여 쓴 글씨인데 괴목에다 이른바' 고목생화채'라는 색다른 필체로 아담하게 각(刻)을 한 게 사랑방 앞에 걸려있다. 현판은 대문에서 잘 보이는 주인의 사랑방 앞에 거는 법이다.

나는 어려서 만송 할아버지로부터 천자문을 익혔으며 커서 일제 때 읍내 소학교에 갈 때까지 사랑방에서 할아버지와 함께 한 이불 속에서 자면서 잔심부름을 도맡아 했다. 내가 하는 일은 자고나서 이불을 개켜서 벽장에 넣고 개꼬리비로 방을 쓸고 요강을 비우고 우물에 가서 깨끗이 씻어 갖고 온다. 그리고 뒷산에 가서 탱댕이를 잘라 와서 할아버지 장죽 안에 든 니코틴을 청소한 후 곱게 썬 엽초를 채워 넣고 부싯돌로 불을 내어 붙여주는 일을 한다. 그 덕택으로 가끔씩 문중 취회에 따라가서 맛있는 음식을 얻어먹고 싸 갖고 오기도 했다. 어려서는 그 만송헌 현판이 무슨 뜻인지도 모르면서 좀 괴이하게 다가 왔었지만 커서는 그게 아니다. 또 다른 할아버지의 삶과 가치를 생각케 하는 큰 울림과 무게가 함축되고 있다.

현판에 얽힌 재미나는 일화가 있다. 안동 도산서원에 가면 중심부 상단에 강당이 있는데 거기에 '陶山書院(도산서원)' 현판이 걸려있다. 누가 보아도 명필임에 틀림없다. 1575년 선조가 성리학의 대가인 퇴계가 벼슬을 그만 두고 고향에 내려가서 후학을 가르쳤던 도산서당을 서원으로 격상시켜 사액(賜額)을 내리면서 한석봉(1543~1605)을 불러 현판을 쓰게 했다. 한석봉은 임금의 명에 따랐다. 선조는 도산서원을 거꾸로' 院書山陶'를 한 자 한 자씩 불러 주고 한석봉이 받아썼다. 임금이 마지막 글자 陶자를 부르자 한석봉은 퇴계선생인 것을 알고 놀란 나머지 긴장했다. 그는 잘 쓴다는 것이 글 획이 위로 약간 치켜 올라갔다는 것이다.

500년이 흐른 지금 그것의 진위를 가릴 수는 없지만 당호를 누가 지어 주느냐에 못지않게 누가 그 현판 글씨를 썼느냐도 중요하다. 현판은 당대의 멋과 가치 그리고 품위를 나타내 주는 장치이다.

나는 어려서 집을 떠나 객지를 돌아다니다가 나이 70이 넘어 고향의 만송헌으로 돌아왔다. 대학에서 정년을 하기 전에 나와 가까운 김수성 교수가 내 당호가 없는 걸 알고 이것저것 생각하다가 서운고당이 좋겠다고 하고는 당대 한국서예계의 대가인 일중(一中) 김충현의 현판글씨를 받아 주었다. 고향 집이 내앞의 운곡(雲谷)이라는 곳에 있고 우리 집에 400년이 넘는 천연기념물인 서천(瑞泉) 샘이 있어서 이 두 자를 따서 서운고당(瑞雲古堂)이라고 지은 것이다.

작명으로 보나 '상서로운 샘이 있는 옛집'이라는 그 뜻으로 보나 내 마음에 들었는데 언감생심 일중의 글씨로 현판까지 썼으니 나로서는 가보나 다를 바 없다. 그 두 분의 후의를 생각해서 여도현 시인이 각을 해 안뜰 정침 중앙에 걸어 놓았는데 수백년에 걸쳐 내려 온 지붕의 이끼 낀 옛골 기와와 더불어 만송헌의 품위와 무게를 더해 주고 있다. 세월이 무상해서인지 두 분은 이것을 보지 못하고 벌써 고인이 되었다. 무엇이 그렇게 급했는지 참으로 안타깝다.

기왕 말이 나온 김에 우리 집 현판 이야기를 몇 개 더 해야겠다. 집 뒤뜰에 있는 서천은 가뭄에도 물이 마르지 않고 겨울에는 따뜻해서 신기롭다. 동네는 물론 멀리 시내에서까지 차로 와서 식수로 길어 간다. 안동시에서는 사라지는 천연기념물인 우물을 보존하기 위해 복원해 놓았는데 나는 여기에 상선약수(上善若水)라는 편액을 걸어 놓았다. 노자의 도덕경에 나오는 글로서 물보다 더 값진 보시가 어디 있는가. 아내가 현판 글씨를 쓰고 내가 각을 했다.

골목입구 큰 대문에 '從仕郎公宗宅(종사랑공종택)' 현판은 서예가 이종태가 쓴 것이다. 문중 어른들의 말씀에 따르면 5대가 넘으면 큰 집이라 부르고, 10대가 넘으면 종가라 부른다고 하셨다. 종사랑 할아버지는 나의 11대조이시며 쉰이 된 아들에겐 12대이며, 중학생인 손자에게는 13대가 된다. 그쯤되면 현판에 무게가 실릴 만하지 않겠는가. 그리고 대문 옆에 쉼터로 지어 놓은 자그마한 정자가 있는데 거기에 '洗心亭(세심정)'이란 현판이 걸려 있다. 한국 서예계의 으뜸 명필가인 남전(南田) 원중식이 쓰고 내가 각을 했는데 그도 이미 작고했다. 정자에 앉아있으면 연못에서 물이 졸졸 흘러 그 소리가 내 속 마음을 씻어 주는 것 같다. 연못물은 서천에서 흘러나오는 천연수라 깨끗하여 고기가 마음 놓고 논다. 세심정이라는 작명은 그렇게 지었다.

나는 봄부터 가을까지 그곳에서 쉬며 피라미와 붕어가 바위 밑을 휘젓고 노는 걸 보고 잠자리가 떼로 몰려와 쉬고 나비도 잠시 인사하고 가는 걸 본다. 가끔은 다리 긴 새들도 왔다 간다. 개구리가 수련잎 위에 올라 일광욕을 즐기는지 참선을 하는지는 알 수 없지만 그럴 때면 어디서 나타났는지 뱀이 허기진 배를 끌고 소리 없이 풀숲으로 사라진다. 내가 정자에서 가장 즐기는 것은 수련의 꽃망울을 보는 재미다.

정자에서 쉬다가 안으로 걸음을 옮기면 남향진 대청마루에 또 하나의 귀중한 현판이 걸려있다. 퇴계 17대 종손이 내가 은퇴해서 고향에 머물고 있다는 소식을 듣고 '淸虛齊(청허제)'라는 현판을 써주었다. 그 정성이 너무나 고맙다.

종손은 팔십을 넘겨 청력을 잃었다. 필담으로 그간의 소원했던 사연을 주고받았다. 어려서 나와 가깝게 지냈으나 서로가 생업이 달라 반세기가 넘게 만나지를 못했었는데 '청허제' 현판을 써 주면서 나보다 근필 종손이 더 마음에 든다고 좋아했다. 솔직히 이 나이에 뭣을 탐할 건가. 마음을 깨끗이 하고(淸) 비우며(虛) 살아야하지(齊). 인생을 정리해야 할 마당에 무슨 욕심을 낸단 말인가. 다 부질없는 일이고 있어도 안될 일이다.

소설가 한승원은 고향인 장흥에 해산토굴(海山土屈)이란 서재를 만들어 놓고 작품을 쓰고 있으며, 소설가 심훈(沈薰)은 고향 당진에다 필경사(筆耕舍)란 집을 짓고 그곳에서 소설 「상록수(常綠樹)」와 시 「그날이 오면」을 썼다. 그런 명사와 비교할 수는 없지만 내가 하는 일은 매일 아침 현판이 걸린 만송헌에서 할아버지를 만나고 서천에서 우물물을 한 바가지를 들이마신다. 그리고 청허제 앞을 지나며 내 삶을 되돌아보고 세심정에서 하루의 마음가짐을 깨끗이 하고 비우기를 다짐을 한다. 청허제가 내 인생의 마무리를 암시하고 있다면 그만한 게 또 어디 있을까. 만송헌 할아버지 밑에 증손자의 청허제가 우리 집을 지키는 버팀목이 되어 조손이 정답게 영속할 수만 있다면 더 이상 바랄게 무엇이 있을까.

내앞마을에 고래등 같은 종갓집들이 여럿이 버티고 있는데 어째서 하필이면 만송헌이 동네에서 가장 아름다운 한옥으로 알려있는지 모르겠다. 만송헌을 찾는 이의 발길이 끊이지 않는 것이 우리 집의 이끼 낀 골기와의 조화를 이룬 건축미와 더불어 잘은 몰라도 집 주인의 삶의 뜻을 새긴 아담한 현판 때문인지도 모르겠다. 그렇지 않고서야 어찌 집주인도 모르게 그토록 많은 글과 사진이 인터넷에 올라가 있을 수가 있을까. 집의 품위와 격을 아름답게 하는데 현판이 일조를 하는가 보다. 옛 선비들의 삶의 품격이 새삼 경이롭기 그지없다.

허지만 나의 삶이 옛선비들의 그러한 고매한 경지에 머무를 수는 없지만 나는 그래도 400년의 상서로운 우물이 있는 옛집 만송헌에 늦게서야 돌아와 귀거래사를 읊고 마음을 다스리며(淸) 욕심을 비우고(虛) 책(齋)을 읽고 지내는 하루하루가 어찌 행복하지 않을 수 있으랴. 만송헌이 있으므로 청허제가 있으니 새삼 어릴 때 만송 할아버지와 함께 한 이불 속에서 비볐던 그분의 따뜻한 체온이 그리워진다. 오늘도 청허제에는 증조할아버지가 남기시고 간 온기가 가득한데 나는 이제 인생무상 팔십에 할아버지를 찾아 갈 날만을 기다리고 있다.

세심정에 올라

세심정에 올라 본다. 대나무 돗자리를 깔고 목침을 베고 누워본다. 이제야 정녕 내가 그리던 고향에 와 있다는 생각이 든다. 마음이 편하다. 이게 도대체 몇 년, 아니 몇십 년 만인가.

나의 유랑생활은 읍내 일본 소학교에 가기 위해 정든 할아버지 곁을 떠나서면서부터 시작되었다. 그것은 문화적 충격이었다. 자갈밭 신작로에도 가보지 못한 어린 촌놈이 소달구지를 타고 고향을 떠난 것은 나로선 큰 사건이었다. 그로부터 길 떠날 DNA가 내 몸 어딘가에서 자랐는지도 모른다.

개화문명에 길들면서 촌뜨기 시골 아이는 고삐 풀린 망아지 모양 고향과 멀어져 갔다. 때로는 대학을 다니기 위해서 그리고 외국에 가서 박사학위를 한다는 핑계로 돌아 다녔으니 돌이켜 보면 길 떠나는 팔자가 그때부터 시작되었는지도 모를 일이다.

또 처자식을 거느린다는 핑계로, 그리곤 한때 닭벼슬만치도 못한 대학의 부총장 벼슬과 명예를 좇아 정신없이 헤맸던 것이 쑥스럽고 한심하게 느껴진다.

그렇기를 육십년도 넘게 돌아 다녔다. 이제 눈이 멀고 다리에 힘이 빠지니 어디를 갈 건가. 내가 누울 곳은 고향집뿐이다. 하지만 수십 명이 한지붕 밑에서 벅적거렸던 고향집은 옛 그대로이나 그 많던 목소리들은 들을 길이 없고 어디론가 모두 떠나 버린 채 빈 집이다. 나와 아내만이 이 수 백년이나 묵은 고택의 포로로 잡혀 있다.

세심정은 그렇게 돌아온 나에게 귀거래사다. 은퇴 후 전원에 묻혀 세속과 인연을 끊고 노후의 외로움을 달래려고 지은 게 세심정이다. 고향에 돌아와 자연을 즐기는 대명사다. 도연명은 벼슬을 불과 80여 일을 하고 그의 나이 38세에 고향에 돌아온 것에 비하면 나는 할 것 다하고 가질 것 다 가져 본 후에 70세가 넘어 고향에 돌아왔으니 도연명에 비하면 귀거래사를 갖다대기엔 염치없어 보인다. 허나 어찌하랴. 마당에 소나무와 실과나무를 심고, 정원을 가꾸랴, 채마밭을 갈아엎고 푸성귀를 길러먹자니 쉴 곳이 필요했다. 땀을 닦고, 물 한 잔이라도 앉아 마시자고 우정 대청마루까지 올라가기도 뭣하고 마당 어딘가에 쉴 정자를 하나 마련하는 게 좋을 듯싶었다. 나의 귀거래사는 그렇게 시작되었다.

골목 입구 솟을대문 옆 연못가에 정자를 앉히면 좋을 것 같았다. 그곳의 감나무와 매실나무를 다른 곳으로 옮겼다. 모양새를 갖춘 자연석을 갖다 놓고 아름드리 원목기둥 네 개를 세운 후 골기와 지붕을 덮고 마루를 깔았다. 모양이 그럴듯하다. 높이가 나지막해 정자라기보다 원두막 냄새가 더 짙다. 그러나 나는 상관하지 않는다. 나만의 쉼터이자 귀거래사면 그만이지 정자면 어떻고 원두막이면 어떠랴.

그래도 기왕이면 이름을 붙여 놓으면 더 운치가 날 듯했다. 정자 작명에 고심을 했다. 연못에서 나온 물이 정자 밑을 졸졸 흘러 동네 도랑을 따라 반변천으로 흘러 낙동강으로 간다. 그런데 그 연못 물낙차 소리가 그렇듯 아름다울 수가 없다. 소리를 듣고 있자니 마음이 씻은 듯 상쾌해진다. 옳거니, 나는 정자 이름으로 세심정(洗心亭)으로 하고 싶었다. 오랜 세월을 세속에 물들어 허우적거리다가 늦게서야 돌아와 내 마음 속의 찌꺼기를 씻고 저승으로 가는 길을 준비해야겠다고 생각되니 마음씻는 게 더 좋아 보였다. 우리가 사는데 마음닦기만큼 중요한 것은 없다. 마음먹기에 따라 세상이 보이기도 하고 막히기도 한다. 마음을 씻는 것은 곧 내가 지은 업(業)을 씻는 것이 된다. 마음이 곧 지옥이고 천당이다.

나는 남전(南田) 원중식(元仲植) 선생에게 부탁해서 현판 글씨를 받았다. 그리고 내가 직접 음양각(刻)을 해 걸었다. 진한 밤

옳거니, 나는 정자 이름으로 세심정(洗心亭)으로 하고 싶었다. 오랜 세월을 세속에 물들어 허우적거리다가 늦게서야 돌아와 내 마음 속의 찌꺼기를 씻고 저승으로 가는 길을 준비해야겠다고 생각되니 마음 씻는 게 더 좋아 보였다.

— 세심정에 올라

색 바탕에 금색 글자를 칠했다. 미국에 있으면서 그곳에서 배운 서각솜씨를 발휘해 보았다. 마당 입구로 들어서면 오른쪽 정자에 세심정이란 현판이 더없이 눈에 들어온다. 명당에다 명작명에, 명필 현판이고 보니 이젠 누가 보아도 원두막이 아니라 진짜 한 폭의 그림 같은 정자가 되었다. 여기에 그 이듬해 우리집 마당에서 '작은 뜰 음악회'를 갖고 그날 행사 때 낭송한 성춘복 시인과 정정만 시인의 시를 각을 해 현판 양쪽에 걸어 놓았다. 그래 놓고 보니 세심정은 정자로서 격을 한층 돋우어 주고 있는 듯하다.

여기에 두 시인의 시를 소개한다.

활짝 문을 열어
안 보이는 것도 찾게 하고
눈 감아도 거기 엄연한 세월로
우리를 머물게 하거니

좋은 비 한 번이면 시원하게 눈도 맑게 하고
솔바람 두어 차례로
들숨과 날숨의 목숨 고르게 하는

아, 내 고향 땅의 편안함이여
고요를 엮어 겨웁기 한량없는
형상의 마음까지 자유롭게

그대는 우리의 외딴 세심정이거니.
- 성춘복, 「세심정에 부쳐」(2011)

오백년을 관통한 충의와 절개
갈기갈기 휘날리고
역사의 갈피에 은신한 영웅들
죄다 빛살로 떠오르는 내앞
허나 지금은 오랜 부재로 수척하다

여소에 한 시대를 축성하고
영주의 처소로 귀환한 운곡
만송헌 고택에 청계 할배의 포석을 세운다

발치의 반변 내앞수
여전히 묵상하며 세월을 자아낸다.
- 정정만, 「내앞」(2011)

오늘도 '외딴 세심정'에 올라 내 고향의 편안함을 즐기고 어리석었던 마음을 씻고 있다. 생각을 바꾸지 않는 사람은 병자이며 생각을 바꾸지 못하는 사람은 무덤에 갇힌 사람이라는 영국 속담이 있듯이 나는 이제 남은 삶이 비록 육신이 무덤에 갈지라도 영혼이 갇힌 죽음은 되고 싶지 않다. 법화경에도 '쇠 녹은 쇠에서 생긴 것이지만 차차 쇠를 먹어 버린다. 마음이 옳지 못하면 그 옳지 못한 마음이 차차 그 사람을 먹어 버린다'는 말이 있다. 사람의 마음이란 실뭉치 같아 얽히려 들면 아무리 애를 써도 얽히기만 하는 것이고 풀리려 들면 슬슬 저절로 풀리게 마련이다. 마음 닦는 일만큼 더 중요한 일이 어디 있을까.

세심정은 그런 내 마음을 씻고 업을 내려놓고 막힌 세상을 보려는 나의 귀거래사임을 새삼 생각게 한다.

꿈보다 해몽

하버드대학 도서관에는 '지금 잠을 자면 꿈을 꾸지만, 지금 공부하면 꿈을 이룬다'는 문구가 있다. 이 두 꿈은 하늘과 땅만큼이나 차이가 있다. 꿈도 꿈 나름이다. 같은 꿈이 아니다. 자면서 꾸는 꿈이란 정말 허황된 것이다.

나는 요즘 꿈자리가 좀 괴상하다. 꿈속에서 벌어진 이야기란 원래 허황된 게 더 많다. 꿈보다 해몽이 더 좋다는 얘기가 바로 그 때문이 아닌가. 좋은 꿈은 용꿈이라고 하지만, 허황되고 줄거리가 뒤죽박죽인 것은 개꿈이라 한다. 어머님이 꾸는 태몽은 흥미진진하고 돼지꿈은 부자된다는 이야기도 있다. 꿈보다 해몽이 그럴듯하면 기분이 좋은 것이 사실이다. 구약성서에서 요셉이 꿈해몽 능력이 탁월했다는 기록이 있는 걸 보면 인간에겐 꿈과 해몽은 오래전부터 있어 왔던 모양이다.

내 꿈 이야기는 이렇다. 꿈에 좀처럼 나오질 않던 아내와 어느 계곡에 야유회를 갔다가 주차해 놓은 장소를 잊어 먹고 온 산을 헤매고 다녔다. 여기가 저기 같고, 저기가 여기 같은 나무 한 포기 없는 곳을 정신없이 허우적거리다가 새벽에 잠이 깼다. 식은땀을 닦고 잠결에 간신히 일어나 화장실에 다녀와서 다시 누워 생각하니 마누라가 옆에 있고 차도 잃어버리지 않아 얼마나 다행인가 싶었다. 그렇지만 꿈속에서 잃어버린 내 차를 찾아야겠다고 생각하고 다시 누웠다.

하지만 아침에 일어나서 생각해보니 간밤의 꿈이 정말 어처구니가 없다. 다시 드러누웠을 땐 이미 그 꿈은 끝나 버린 것을 계속 그 꿈속으로 연결을 바랐다는 게 웃기는 일이다. 결국 나는 그날 그 꿈을 '개꿈'으로 치부하고 말았다. 개가 알면 욕먹을 일이지만 어쩔 도리가 없다. 우리에게 널리 읽힌 베스트셀러 「개미」, 「나무」, 「뇌」의 작가 베르나르 베르베르는 꿈에 나온 이야기를 상상력으로 가공해 글을 쓴다고 하는데 만약 그가 내 꿈을 안다면 어떤 상상력으로 꿈을 그려 갈까 궁금하다. 한 번 물어 보고 싶다.

프로이드는 생시에 억압된 욕망이나 불안이 변형되어 꿈속에 나타난다고 한다. 그렇다면 내가 차를 잃어버리는 꿈이 생시의 억압된 욕망을 반영했던 것일까. 아니, 그것보다는 아마도 불안이 변형되어 나온 것이지 싶다. 그렇다면 내 건망증에 대한 변형이 반영한 게 틀림없다. 아마도 나만큼 건망증으로 불안해 한 적이 많은 이는 없을 것이다. 어릴 때 잃어버리기를 잘 해서 할머니로부터 놀림을 받았던 게 생각난다. '저놈은 다리 중간에 차고 있는 보물을 잃어버리지 않고 갖고 다니는 게 신기할 정도라고' 했다. 맞는 말이다. 아마도 그것들을 내가 갖고 다녔다면 벌써 잊어버리든가 누구에게 주고 지금쯤 홀아비로 살았을지도 모를 일이고 그래서 집안에서조차 쓸모없는 놈으로 쫓겨났을지도 모를 일이다. 조물주가 몸에 달아 준 게 내게 얼마나 고마운 일인가.

내 꿈도 필경 생시의 건망증의 연장이 아닐까 싶다. 어릴 때야 그렇다손 치더라도 살아가면서 잊어버리는 횟수가 점점 더 심해지고 있음은 심히 걱정이다. 아주 유치한 실수는 미국유학 때 일어났다. 학위논문이 통과되자 지도교수는 첫 마디가 아내에게 이 기쁜 소식을 전하라고 하는데…. 아날로그 시절에 나는 그가 건네준 수화기를 들고 집 전화번호를 돌렸다. 소식이 없다. 조금 뒤에 다시 돌렸으나 여전히 신호만 간다. 지도교수와 나는 걸어 나오면서 아마도 아내가 나를 기다리다 못해 밖으로 마중 나갔을지도 모른다고 둘러댔다.

그러나 집에 와서 보니 아내는 길거리에 마중 나간 적도 없고 꼬박 전화기 앞에서 내 전화를 기다리고 있었다. 소식이 없자 아내는 내가 미역국을 먹은 줄로 알고 거의 초죽음이 되어 있었다. 눈만 간신히 껌벅이고 있는 게 아닌가. 그때서야 내가 돌린 전화번호가 틀린 것을 알았다. 누구나 너무 흥분하면 순간적으로 전화번호쯤은 까먹기 일쑤라고 위안을 했지만 결국 나는 엉뚱한 데를 돌리면서 애꿎은 아내만 탓했던 것이다.

또 한 번은 꽤 오래전에 그와 비슷한 일이 벌어져 한바탕 웃은 일이 있었다. 초겨울 어느 날 나는 저녁초대를 받은 적이 있었다. 해가 짧아 예약된 식당 부근에 갔을 때 이미 어둠이 깔려 간판을 식별하기 어려웠다. 나는 차를 몰고 강남역 부근의 먹자골목에 들어서서 여기저기 기웃거리다가 시간이 지나자 좀 초조해졌다. 행인을 불러 세우고 내가 한다는 소리가 '동충하초' 식당이 어디냐고 물었다. 그녀는 고개를 갸우뚱하더니만 그런 곳은 없고 '춘하추동'이란 식당은 바로 저기라고 하는 게 아닌가. 아차. 내가 왜 이러지? 춘하추동을 얼토당토않게 동충하초라고 했으니 어딘가 비슷한 데가 있었던 모양이나 그것은 엄청난 망신이다. 아마도 건망증의 시초가 아닐까했었다. 불량품은 용도폐기하든가 반품하면 되나 사람은 용도폐기도 할 수 없고 그렇다고 부품을 갈아 끼울 수도 없으니 기가 찰 노릇이다. 그날 저녁식사의 화두는 단연 건망증이었다.

정말 나이 들면서 상상도 못할 건망증이 나타날 때가 있다. 생시에서도 이렇게 까먹고 다니는 게 프로이드의 말처럼 꿈속엔들 멀쩡할 리가 있을까. 그렇다고 생시에 까마귀 고기를 먹은 적도 없다.

곰곰이 생각해 보면 까마귀 탓할 일도 아니다. 만해가 쓴 수필에 보면 까마귀란 놈은 먹이를 감출 때 꼭 구름그림자를 표준으로 숨겨 놓는데 구름이 움직이고 나면 숨겨 놓은 것을 찾지 못한다고 한다. 만해가 설악산 오세암에 있을 때 직접 시험해 본 것으로 까마귀란 놈은 그런 것만 빼고 오히려 기억력이 비상하다는 것이다.

만약 내가 차를 잃어버리는 허황된 꿈을 꾸지 않고 돼지꿈이나 용꿈을 꾸었다면 어떻게 했을까. 말할 필요도 없이 신새벽부터 로또를 사러 갔을지도 모른다. 돼지는 부자되는 꿈이고 용은 출세하는 꿈인데 누가 마다할 것인가. 밑져야 본전일 터니 주머니돈을 투자했을 것이다. 시골서 인물이 나오면 개천에 용이 나왔다고 하는 것도 다 그 때문이다. 용은 깊은 소나, 계곡 폭포에서만 살며 때로는 하늘에서 내려오기도 하고 하늘로 다시 올라가기도 하는 짐승으로 알려져 있다. 그런 용이 개구리나 피라미만 노는 개천에서 나왔다면 누구나 기절초풍할 일이 아닌가. 기왕 꿈을 꿀 바에야 기절초풍하는 일이 있더라도 그런 용꿈을 한 번 꿔보고 싶다. 내가 무슨 욕심이 있을까만 아무래도 그런 허황된 개꿈이나 꾸느라 허우적거리며 식은땀을 흘리기보다는 까무러치는 한이 있더라도 꿈에 용이 나와 승천하는 것을 보고 싶다.

그 정도 꿈이라면 아무래도 가문의 영광이 아닐까. 꿈이 좋아야 해몽도 좋은 법이다.

울림을 준 만남

만남은 떨림이다. 가슴을 설레게 하는 울림이다. 젊은 남녀가 만나서 부부로 이어지는 것이나 갓 태어난 어린 아기가 엄마와 만나는 것이나 어디 하나 경이롭고 신비롭지 아니한 것이 없다. 만남이 어느 때는 우연에서 이루어지지만 어떤 것은 바람에서 이루어진다. 불가에서는 소매만 스쳐도 인연이라는데 그런 만남이야 보통 인연이 아니다. 그러나 모든 만남이 꼭 그렇지는 아니하다.

피천득은 「인연」이란 수필에서 이렇게 쓰고 있다. 열일곱의 나이로 일본 유학 시절 어느 일본인의 집에 초대를 받아 어린 아사꼬를 만난다. 그는 그녀를 아름다운 스위피꽃으로 비유했다. 십년 후 다시 그녀를 만났을 땐 대학 3학년의 활짝 핀 목련으로 다가 왔다. 피천득은 해방 후 미국으로 유학 가는 길에 동경에 다시 들러 아사꼬를 만난다. 그러나 그녀는 가슴에 그리던 활짝 핀 23세의 목련이 아니라 진주군 일본인 2세 미군의 아내가 되어 이미 백합처럼 시들어 있었다. 좋은 인연으로 시작되었던 그녀와의 만남은 이렇게 가슴 아프게 끝나고 만다. 세 번째의 만남은 그의 말처럼 아니 만났어야 좋았을 거라고 고백한다.

우연의 만남은 때로는 운명적으로 끝나기도 한다. 영화와 소설에서는 이런 사랑을 그려 가슴을 에고 눈물을 짜낸다. 영화「러브 스토리」에서는 하버드생 올리브가 레프트대학 도서관에 갔다가 제니퍼와 운명의 만남을 한다. 그들의 사랑은 결국 잔혹한 운명 속에서 끝나 버린다.

그렇지만 나는 좀 색다른 만남을 떠올려 보고 싶다. 내가 대학에 몸담고 있을 때 해마다 새학기가 되면 고3의 때가 갓 벗어난 신입생들과 만난다. 강의실에 들어가 보면 그들은 초롱초롱한 눈동자로 잔득 긴장해 있다. 교복을 걸치지 않았다 뿐이지 면접 때와 마찬가지로 얼어 있다. 이들을 풀어 주어야 한다. 나는 노사연의 히트곡「만남」을 열창을 한다. '우리의 만남은 우연이 아니라 그것은 우리의 바람'이었다고. 아이들의 표정은 처음엔 웬 미친 선생이 달밤에 체조하느냐는 식으로 머쓱해 하더니만 순식간에 와아! 하고 웃음바다가 된다. 젊음의 끼가 강의실 안에 봇물처럼 솟는다. 장내는 화기애애하게 변하고 빳빳했던 어깨가 흐물흐물 내려앉는 걸 느낀다.

사실 따지고 보면 그들은 대학에 들어오기 위해 얼마나 고된 과정을 거쳐 왔는가. 그들과의 만남은 우연이라기보다는 바람이었다는 게 사실이다. 그들이 바라던 대학에 들어가기 위해 얼마나 힘든 시간을 보냈는가. 내가 지금 생각해 보니 수십 년의 세월이 흘러도 그때의 제자들과의 첫 만남만큼 가슴 뭉클한 적은 없었다. 그 때문인지 몰라도 졸업하고도 끈끈한 정이 아직도 이어져 제자복이 나만큼 많은 이도 없지 싶다.

율곡은 23세 때 58세의 아버지뻘인 성리학의 대가 퇴계를 만나러 간다. 수십 일에 걸쳐 산 넘고 물 건너 험한 천리 길을 마다 않고 안동 도산으로 찾아간 것이다. 말로만 듣던 큰 스승을 만나러가던 율곡의 가슴이 얼마나 뛰었을까. 어려서 천재로 소문난 율곡이 장원급제까지 해서 잔뜩 기가 올라 있었지만 배움의 길은 끝이 없었던 모양이다. 그들은 그 후 성리학의 양대 산맥을 쌓아 조선 유학의 이론적 틀을 만들어 놓았다. 우연의 만남보다 바람의 만남은 이렇게 끈질긴 법인가 보다.

무소유의 삶을 보여준 법정스님도 청년 시절 때 이광수의 소설 「원효」를 만나고 효봉스님을 만나 불가에 입문했다. 그 인연으로 효봉은 법정에게 길을 가르쳐 주고 힘을 주었다.

좋은 만남은 좋은 인연으로 이어지지만 나쁜 만남은 악연으로 남는다. 원수를 외나무다리에서 만나는 꼴을 상상해 보라.

얼마나 끔찍스러운가. 난처하고 곤혹스럽기가 이를 데 없다. 그런 만남은 바라지도 않지만 만들어서도 아니 된다.

우리는 평생 동안 얼마나 많은 만남을 가질까. 어느 책에 보니 그런 만남이 기껏해야 10여 명 남짓하다는 것이다. 부모, 형제, 자매, 스승, 친구 몇 명이 고작이다. 사회에서 직장에서 만남은 피상적이고 이해관계의 맺음일 뿐 일시적인 것으로 끝난다.

그렇지만 나는 두 분 스승과의 만남을 아직도 잊을 수가 없다. 오늘의 나를 만들어 준 게 그분들의 덕이다. 그들과의 만남이 없었더라면 나는 어떻게 되었을까 생각만 해도 아찔하다. 한 분은 내가 대학원에 진학했을 때다.

대학원 입학시험에서 영어와 제2외국어 불어과목에서 성적이 제일 좋았다는 이유로 나를 학과전임조교로 뽑아준 분이다. 그 분과는 일면식도 없었다. 그때 갓 이십대 중반에 전임조교가 되었으니 당시의 대학관례로 보면 교수로의 길이 보장된 것이나 다를 바 없었다. 그러나 어찌하랴. 데모로 날이 밝아 데모로 날이 지던 혼란스런 대학가에 5·16군사쿠데타가 일어나자 찬바람이 불어 왔다. 대학들은 그 여죄로 목이 조여들기 시작했다. 대학원을 졸업하고 시간을 맡았지만 학교사정은 갈수록 어두워 갔다. 그 스승은 나에게 외국 유학을 떠나도록 권유했다. 위기가 기회라는 말이 있듯이 나는 대학생 때부터 유학의 꿈을 갖고 있었는데 그 꿈을 찾아 미련없이 떠났다.

두 번째로 만난 분은 미국 대학에서였다. 나는 미국 대학원에서 전공을 바꾸어 도시공학을 공부하면서 석사학위부터 다시 시작했다. 어렵게 석사를 마치고 실무를 거친 후 박사과정에 들어갔을 때 지도교수를 만났다. 그때 이미 아이 셋을 둔 늦깎이 학생으로 어렵게 학업을 이어가고 있던 내 사정을 안 그는 방학 때마다 연구기관과 정부 그리고 UN 등에 일자리를 마련해 주었다. 그 덕으로 나는 당시 한국에서 황무지나 다를 바 없었던 도시계획을 전공하고 귀국하여 그 분야에 미력이나마 기여할 수 있게 되었다.

그 두 훌륭한 스승을 만난 것은 나에겐 떨림이었고 울림이었다. 우연이라기보다 억겁의 인연일지도 모른다. 정말로 세월이 빠른지 한 분은 이미 세상을 뜨셨고 다른 한 분은 백수(百壽)를 앞에 두고 계신다. 그들과의 만남이 나의 삶에 있어서 큰 인연임에 틀림없다. 이별은 만남에서 일어나고 만남이 없다면 이별이 없을 것이다. 그들과의 만남도 이제 이별의 문턱에 와있다.

이제까지 나는 만날 만큼 많은 사람을 만났다. 때로는 떨림으로, 때로는 가슴 설렘으로 만남의 좋은 인연을 맺어 왔다. 더 이상의 좋은 만남을 어찌 기대할까. 나이 팔십에 그것은 염치없는 노릇이다. 설령 그런 만남이 있다손 치더라도 경이롭고 신비롭지는 못할 것만 같다. 젊었을 때와 달리 엔도르핀이 메말라

있기 때문이겠지.

그렇다고 또 다른 한 사람과의 만남은 피할 수 없게 됐다. 그와의 만남은 좋고 싫고를 떠나 필연의 만남이다. 나를 지옥으로 보낼 건가, 극락으로 보낼 건가의 전권을 쥐고 있는 염라대왕이다. 내가 지은 업보가 이미 내 얼굴에 나타나 있는데 그가 보면 훤히 알 것을 내가 손으로 얼굴을 가린다고 될 일이 아니지 않은가. 그 필연의 만남만이 진짜 나를 떨리게 하는 마지막 만남이다.

김삿갓문학관

조선 후기 해학 시인으로 김삿갓만한 이가 있을까. 그의 문학기념관을 찾아 가는 길이 이토록 험할 줄은 몰랐다. 해는 짧아 길을 재촉했건만 강원도 첩첩산중은 끝이 보이지 않는다. 영월군 김삿갓면 와석리. 왜 하필이면 '김삿갓면'일까. 문학관의 부가가치를 높이기 위해 면 이름도 바꾸고 개울도 김삿갓 개울이라고 했음도 짐작이 간다.

내비게이션에 나타나지 않은 오지를 찾아가는 것은 약간의 스릴도 있지만 가끔은 등골이 아찔한 순간도 없지 않다. 영월읍에서 남쪽으로 계곡을 따라 가면 시원한 냇물이 손짓을 한다. 시커먼 소나무들이 꽉 에워싼 찻길을 아슬아슬하게 돌고 또 돌고 나면 차령산맥과 소백산맥이 만나는 지점에 북쪽을 향해 기념관이 숨어있다. 경북 영주와 충북 단양과 강원도 영월군이 경계를 한 이 오지에 김삿갓 어머니는 왜 세상과 인연을 끊고 숨어 살았을까.

그만한 이유가 있다. 그의 아들이 조상에 대해 평생 지울 수 없는 죄를 지었기 때문이다. 아들 김병연(金炳淵1780~1812)은 어릴 때 어머니가 가르쳐 준 대로 경주 김씨로 행세했다. 그러나 본관은 안동 김씨이며 조선 후기 백년 세도정치로 왕정을 부패시킨 일명 장동 김씨로 더 잘 알려져 있다. 병연은 어려서 총명하고 글재주가 있어 주위의 관심을 끌었다. 그런 그가 결혼을 하고 성인이 되자 주위의 기대를 업고 강릉 향시에 응해 장원급제를 한다. 당일 시제가 '충절로 죽은 정가산을 논하고 역적 김익순의 죄를 개탄하라'였다. 병연에게는 누워 떡 먹기였다.

장원급제 소식에도 불구하고 어머니는 그만 실신하고 만다. 역적으로 탄했던 김익순(金益淳)이 바로 그의 조부였기 때문이다. 홍경래난이 일어나자 김익순은 선천방어사란 자리에 있으면서 백성에 선정을 베풀기보다 주연에 빠져 반란군을 피해 도망갔다가 그들에게 잡혀 항복하고 말았다. 관군이 선천성을 다시 탈환하자 그를 가만히 둘 리가 없다. 국가의 녹을 먹는 자가 정가산처럼 반란군과 싸워 목숨을 던질 것이지 반란군에 항복한 것은 반역죄로 다스려 마땅했다. 그는 즉석에서 처형되고 가족은 목숨만 부지한 채 풍비박산되었다. 고작 다섯 살의 어린 병연이 이 사실을 알 리가 없다. 병연 아버지는 그 충격으로 죽고, 어머니는 어린 아들 형제를 끌고 고향 양주를 떠나 화를 피해 여러 곳을 전전하다 세상과 두절된 이곳 첩첩산중으로 도망 온 것이다.

김병연도 그 충격이 컸다. 할아버지의 죄보다 조상을 욕한 그의 죄가 더 크다. 하늘과 사람을 볼 면목이 없다. 세상이 나를 버렸으니 나도 세상을 버리겠다고 다짐한 그는 집도, 가족도 세상을 버리고 바람처럼, 구름처럼 자연 속으로 숨어 버린다. 갓과 망건을 벗어 버리고 삿갓에 지팡이를 짚고 천하를 주유한다. 눈이 오나 비가 오나 화창한 날씨나 구름 낀 날이나 삿갓을 쓰고 사람들과 멀리했다. 동가식서가숙하고 풍전노숙하기를 죽먹듯이 하면서 세상을 비판하고, 탐관오리를 조롱했다. 때로는 봉건질서를 비꼬고 이를 거부하기도 했다.

문학관 모양이 그가 평생을 쓰고 다닌 삿갓모양을 따 설계를 해 놓았다. 겉모양은 어느 곳과 달리 신선함을 준다. 실내에는 그가 가는 곳마다 남겨 놓았다는 해학시로 관람객의 발길을 잡는다. 이른 아침 어느 서당 훈장을 조롱하는 데서부터 걸식 하다 세 번씩이나 문전박대당하는 데 이르기까지 수백 편의 시를 남겨 놓았다. 기념관 옆 돌에 새겨진 시 한 편이 유독 내 눈을 끈다.

낙엽·2

까마귀 쪼는 소리와 같이 진종일 떨어지더니

텅 빈 뜰에 쌓인 낙엽 화려한 빛 잃었네
옛 향기 그리운 듯 배회하며 떨어지고
가지에 있을 때를 그리워하며 흩어지는구나
밤 깊도록 창밖에 빗소리 들리니
아침이 다가오자 강 건너 집 바라보네
그대여, 낙엽 뒤에 오는 찬바람과 눈보라를
이별의 정 서러움이야 낙엽에 비길손가.

가는 곳마다 재치와 해학으로 서민의 애환을 달래주고, 눈치 코치 볼 것 없이 닥치는 대로 사람을 웃기고 조롱하는 시를 거침없이 써댔던 김삿갓도 몸이 지칠 대로 지친다. 어머니와 처자식에 대한 그리움이 통절함으로 다가온다. 달빛을 마시고 별을 노래하며 상투 잡히는 봉변과 수염 잡히는 수모 속에 그는 깊은 회한의 심연에 빠지기도 한다. 이미 쇠잔한 그의 모습을 보는 것 같다. 그는 30여 년의 지친 생활을 이겨내지 못하고 57세의 나이로 생을 마감한다.

이미 해는 짧아 자취를 감추고 늦가을 찬 공기가 계곡에 가득하다. 낙엽 뒹구는 찬바람처럼 이별의 정 서러움을 느끼게 한다. 눈을 돌려 앞을 보니 그의 무덤, 아스라이 눈에 들어온다. 누군가가 그의 천년유택에 소주잔을 올리는 듯하다. 이 세상에 평생 호의호식하다 죽어 이름 없이 사라지는 사람이 수없이 많은데, 한평생 누더기를 걸치고 걸식하다 쓸쓸히 죽은 김삿갓은 이렇게 사람들의 사랑을 받고 있으니 한 인간의 참삶의 발자취를 보는 듯하다. 그가 그렇게 죽어 이 깊은 산속에서까지 사람들의 사랑을 받고 있다. 비록 조상을 욕한 죄가 피멍으로 맺혀 평생을 바쳐 이렇게라도 사죄하고 죽은 인간 김병연이지만 여기서단은 그의 참삶이 다시 살아나는 듯하다.

괴테를 만나다

내가 괴테를 다시 만난 것은 기적이라기보다 거의 우연에 가깝다. 『젊은 베르테르의 슬픔』을 읽고 비극적으로 끝난 첫사랑을 슬퍼했던 기억만 남긴 채 나는 그와 본의 아니게 멀어져갔다. 나에게 더 절실했던 것은 무엇보다 6·25 전후의 암담한 빈곤에서 벗어나는 것이었기 때문이다. 그러다 세월이 돌고 돌아 반세기가 더 넘어 인생황혼기에 가서야 그가 신기루처럼 다시 다가왔다. 내가 그만큼 살만치 살아 철이 들었다는 징조인지 아니면 그와 전생에 무슨 인연이 있는지 모를 일이다.

내가 지금 다시 만난 괴테는 내가 사춘기 때 만났던 그런 괴테가 아니다. 알 수 없는 하나의 거목이다. 시인인가 싶더니만 소설가이자 희곡가인가 하면 관료와 연극배우이고 변호사에, 화가와 과학자이기도 하다. 그런가 하면 독일이 낳은 대철학자이며 종교가이자 사상가이다. 좀처럼 뭐가 뭔지 알 수 없는 존재 같다. 껍질을 벗길수록 양파 같은 존재다.

그렇게 어설프게 껍데기만 핥고 지나간 괴테를 다시 만나게 해준 것은 나에게 기쁨이자 영광이다. 아는 것만큼 보인다더니 새로이 다가온 괴테는 접근을 하기가 어려운 존재 같다. 『젊은 베르테르의 슬픔』을 말안장에 넣어 두고 7번이나 읽었다는 나폴레옹도 독일을 침공했을 때 만사를 제쳐두고 그를 먼저 찾아갔다고 할 정도니 괴테의 존재는 과히 알 만하다. 그가 평생을 기울여 쓴 인간탐구작품이 유명한 『파우스트』다. 인간의 끝없는 탐욕과 허상을 훈계하는 작품답게 음악가 구노가 오페라로 만들어 유럽에서만도 2천 회 이상 공연한 일이 있다.

수많은 작품을 남기고 간 그는 노후에는 바이마르 집에서 천장에 매달린 줄을 잡은 채 창문을 향해 일어서면서 '좀 더 빛'을 하고 마지막 말을 남기고 죽었다. 진짜인지 가짜인지는 알 수 없지만 유언치고 너무나 드라마틱하다. 감히 누가 여기에 토를 달겠나. 그저 숙연해질 뿐이다. 한 위대한 작가의 죽음에 가슴 쓰리다. 괴테는 숨을 거두는 순간까지 빛을 찾았던 모양인데 그 빛이란 게 무엇일까. 태양의 빛일 수도 있고 그가 평생 탐구해 왔던 휴머니즘일 수 있다. 그는 끝내 그 빛을 찾지 못하고 한 평 남짓한 방에서 낡은 침대와 의자, 등받이 그리고 손때 묻은 줄만을 남기고 83세의 위대한 삶을 마감한 것이다.

어린 괴테는 문학에 소질이 있었지만 아버지의 권유에 따라 법대를 나와 수습판사로 있으면서 우연히 만난 친구의 약혼녀 샤를로테와 짝사랑에 빠진다. 『젊은 베르테르의 슬픔』은 바로 샤를로테와의 짝사랑을 그린 그의 자전적 소설이다. 법관으로서보다 문학인으로 더 알려지기 시작한 것도 이때부터다.

그간 위대한 작품을 남긴 작가일수록 사랑이력도 유별난 모양인지 이미 15세 때 그는 첫사랑을 경험한다. 괴테는 20세 샤를로테에 반해 사랑을 고백하고 30세 때는 슈타인 부인과 무려 1,782통이나 연애편지를 쓴 걸로 전해 온다. 이것으로 끝나지 않는다. 73세의 황혼이 되어서도 그는 손녀뻘인 17세의 부러라케와 사랑에 또 빠진다. 좀 아이러니한 표현 같지만 멋진 사랑이 멋진 작품을 낳는가 보다. 그렇다면 빗나간 이야기 같지만 우리도 괴테처럼 자유연애와 자유결혼를 하면서 위대한 작품을 써 볼 수는 없을까. 매 맞을 소리 같아 공허하게만 들린다.

『젊은 베르테르의 슬픔』은 프랑크푸르트의 아버지 집 3층 다락방에서 쓰고 일약 유명해진다. 그는 바이마르의 높은 공직을 받고 그리로 옮겨가 부와 명예를 거머쥐고 살지만 매일 귀족들과 어울린 사교계의 화려한 생활이 그를 지적으로 행복하게 하지는 못한다. 일상에 갇혀있는 그는 상상력이 고갈되어 옥죄어옴을 느끼면서 그 상황을 못 견뎌 한다. 결국 그는 37세 생일파티 전날 밤을 틈타 하인을 데리고 몰래 빠져나와 그가 오매

불망 꿈에 그리던 이태리로 도망친다.

괴테가 세계적 대문호로 탈바꿈을 한 계기는 1년 9개월에 걸친 이태리 기행 덕분이다. 무궁무진한 로마문명을 보면서 그는 우물 안 개구리가 바깥세상을 만난 격이 된다. 신분을 속이고 꿈에 그리던 이태리, 어릴 때 아버지로부터 들은 제2의 고향, 위대한 학교, 세계의 수도, 문화의 도시, 로마를 여행하면서 그에겐 두 날개를 단 것이 된다. 당시 북구라파에서 로마를 동경하는 것은 마치 조선시대 때 선진국 유람을 하는 것이나 마찬가지였을 것이다.

그는 가는 곳마다 그곳 사람들의 언어, 습관, 풍습, 옷차림새, 성격, 음식 등 모든 생활 모습을 하나도 빠트리지 않고 신기하게 관찰한다. 여행기간 대부분의 시간을 그는 그림을 배우고, 스케치도 공부하면서 건축물, 교회, 광장, 유화, 벽화, 도시전경, 조각 등을 보는 대로 그리기 시작한다. 식물을 하나하나 관찰하고, 그것을 채집하며, 색채론도 배운다. 길거리에서 만난 돌조각 하나도 그냥 지나치지 않고 수집하며 로마의 먼지까지도 그의 관찰 대상이 된다. 이태리여행에서 수집한 그림과 조각 그리고 스케치한 것들이 바이마르 괴테박물관에 가득하다. 그의 장서가 6천여 권인 것에 비해 그가 평생 동안 채집한 광물 조각은 무려 1만 8천 개에 이른다니 그의 또 다른 관심영역을 보게 해준다.

젊은 베르테르가 이태리에서도 화제가 된다. 로마를 여행하면서 한 번도 자신이 괴테라고 밝힌 적이 없는 그는 여행이 끝날 무렵 어느 귀족의 파티에 초대를 받은 일이 있었다. 주인은 그가 독일에서 왔다는 걸 알고 베르테르를 쓴 괴테를 아느냐고 물었다. 그는 순간적으로 당황했지만 자기가 괴테라고 고백한다. 장내 분위는 순식간에 환호하더니만 사람들이 갑자기 친절해지고 대접이 달랐다고 회고한다. 그 후부터 그는 대놓고 괴테로 행세한다. 그리고 돌아올 무렵쯤 베르테르의 슬픔이 이태리어로 번역되어 나오자 독자들이 몰려와서 이 책이야말로 최고의 사랑 소설이라고 하면서 작품 속의 모든 것이 사실이냐고 물어와 짜증스러웠다고 고백한다. 또 여성 독자로부터 온 한 통의 편지에서는 샤를로테 같은 여자를 만난 적은 없지만 괴테에게 그녀와 같은 여자의 남편이 되길 바란다고 해 괴테가 퍽 당황해 한 적도 있다.

괴테는 일생 동안 그림, 건축, 교회, 광장, 조각, 조경, 식물, 광물질, 색채 등 다방면에 걸쳐 관심을 보였는가 하면 시, 소설, 희곡, 논문 등의 많은 작품도 남겼다. 니체는 이런 괴테를 가리켜 '하나의 문화'라고 부른다. 한 인간의 한계를 넘어서는 경지의 예지를 터득했기 때문에 그렇게 부를 만도 하다. 누가 감히 이런 괴테를 쉽게 접근할 수가 있을까.

내가 이런 괴테를 다시 만난 것은 늦었지만 내 자신을 되돌아보는 좋은 계기가 된다. 왜 진작 그를 만나지 못했는지 부끄럽고 쑥스러울 뿐이다. 그를 알면 알수록 경외감을 느끼고 고개가 숙여진다. 그를 들어다 본다는 것은 마치 양파 속을 들여다보는 것과 같다. 끝이 안 보인다. 니체의 말처럼 어찌 이 거대한 문화를 이해할 수가 있을까. 내가 본다는 것은 그야말로 껍데기에 불과할지 모른다. 그저 슈벨트의 「겨울 나그네」가 괴테의 시 정도로 아는 아주 피상적인 것에 불과하다.

그렇지만 반세기가 넘어 그를 다시 만난 기쁨을 어찌하랴. 가슴 떨리는 순간순간을 겪으면서 그의 발자취를 뒤따라가 볼 것이다. 인간 괴테 탐구는 이제 막 시작에 불과하다. 나는 그가 남겼다는 '좀 더 빛'이 무슨 뜻인지 찾아 한 걸음씩 그에게 가까이 다가가 볼 것이다.

죽음은 꽃이다

나만큼 죽음을 많이 보와 온 이는 없을 것이다. 그것도 모두 나의 직계 가족이다. 11대 주손으로 태어나 4대가 한 지붕에서 살다보니 철들면서부터 어른들이 돌아가시는 것을 보게 된다.

조선조 고종 10년(1861)에 나신 증조할아버지를 비롯 할머니께서 해방 후 내가 중학교 1년 때 돌아가시고, 고종 34년(1897)년에 나신 조부와 조모께서는 내가 대학을 졸업한 후 돌아 가셨다. 그리고 한일합방 경에 나신 부모님마저 내가 결혼 후에 돌아가셨다. 집안 가까운 종조부 형제분들과 삼촌 내외분들까지 합치면 이날 이때까지 수도 없이 죽음을 보아 온 셈이다.

모두는 사실 만큼 사셨다. 노쇠하셔 병으로 가셨으니 천수를 누린 셈이다. 물론 아버지만 예외이셨다. 모두는 아름다움으로 삶을 마감했다. 꽃처럼 가셨다.

이제 내가 그 차례에 온 느낌이 든다. 인생 팔십이면 살 만큼 살았다. 나는 어떤 모습으로 갈 수가 있을까. 누구도 죽음을 연습을 해 보지 않았기에 아무도 모른다. 누구에게나 꼭 한 번은 죽음이 올 것이지만 때맞추어 가고 싶다고 마음대로 할 수가 있는 게 아니다.

한때 웰빙(wellbeing)이란 말이 유행했던 때가 있었다. 그때는 너나없이 몸에 좋다는 것을 정신없이 찾아다닌 적 있다. 그 때문은 아니겠지만 어쨌든 우리의 평균연령이 늘어나고 노인인구가 폭발하면서 이제는 웰빙보다 웰다잉(welldying)이 더 중요하게 다가오고 있다. 요즘처럼 어떻게 죽을까를 생각하는 사람이 많았던 적은 없다. 옛날엔 병이 들었다면 곧 죽는다는 것을 의미했을 뿐이다. 하지만 의료기술이 발달되면서부터 죽는 것이 더 어려워져 가고 있다.

장년여자들의 계모임에 나가 보면 단골메뉴로 나오는 게 어떻게 죽을 것인가이다. 고상하게 죽자느니, 품위있게 가자느니, 자식들에게 부담 주지 말고 잠자듯이 죽자느니 한다. 매장할 건가, 화장할 건가, 아니면 수목장을 할 것인가, 강에 뿌릴 것인가에 대해서도 나름대로 말이 있다. 죽어서 매장보다 화장을 하겠다는 경향이 느는 것은 확실하다. 서울에서는 70% 이상이 화장을 한다니 이 좁은 땅덩어리에 후대 누가 관리할지도 모를 호화 묘를 써 놓고 걱정하는 바보는 없는 듯하다. 늙은이들이 모였다 하면 나오는 얘기다.

그렇다면 죽음을 준비하는 것만큼 아름다운 것은 없을 것이다. 왔다 가는 게 순리인데 안 가려고 버틴다고 되는 게 아니다. 오히려 준비 없이 가고 나면 성묘 후 자식들이 변호사를 찾아가는 것이 요즘의 세태다. 웃지 못할 험한 꼴을 보지 않으려면 어차피 빈손으로 왔으니 가진 것 모두 내놓고 빈손으로 갈 준비를 하는 것이 더 보기 좋다. 내놓아도 사회에 내놓아야 그것이 자기가 살다가는 사회에 대한 최소한의 예의인 것이고 죽음에 대한 아름다운 준비이다.

그렇지만 누가 죽기를 원하나. 새빨간 거짓말이다. 노인들이 죽고 싶다는 것과 처녀가 시집가고 싶지 않다는 것은 모두 뻔한 거짓말이다. 소가 웃을 노릇이다. 그래 놓고 돌아서서 몸에 좋다는 건강식품을 사 들고 집에 들어간다. 배낭 메고 대낮에 등산 간다, 골프 친다, 하는 이른바 젊은 노인들의 새 풍속도가 생긴 것도 다 죽기보다 사는 것이 좋기 때문이다. 개똥밭에 누워도 이승이 좋다는데 누가 그런 죽음을 택할까.

노후연금에다 각종 보험에다 온갖 먹을 것을 마련해 놓고 있지 않은 사람이 어디 있을까. 그래 놓고 죽는 걸 걱정하니 어딘가 앞뒤가 맞지 않는다. 그렇지만 준비 없이 가는 것보다 한 번쯤 죽음을 생각해 보는 것이 더 좋지 싶다.

솔직히 말해 언제 어떻게 죽을지는 아무도 모른다. 온몸에

첨단의료 장비를 걸어 놓고 가진 것 다 토해낼 때까지 버틸 수도 있다. 아니면 아예 식음을 전폐하고 버티면 남자는 7일, 여자는 9일 만에 죽는다는 이른 바 자정(自靜)도 있다. 그런가 하면 죽는 게 꼭 꽃처럼 떨어질 수도 있다. 노인에게 밤새 안녕하신가라는 인사가 나온 것도 그런 죽음을 가리킨다. 숨이 떨어진다는 말이 죽음을 의미한다. 꽃처럼 떨어지는 죽음은 정말이지 아름답다.

꽃도 꽃 나름이다. 죽은 듯, 산 듯 보기에도 딱한 꽃이 있다. 빛깔마저 변한 채 추하게 매달려 있는 꽃이 있다. 정말 처량하다. 목련이 질 때가 꼭 그렇다. 꽃잎은 화사한 게 언제였던가 싶게 검게 시들어 버리고 사자버섯을 덮어쓴 채 매달려 있는 게 안타깝다. 바람이 불든가 비가 와서야 기어코 떨어진다. 질긴 한 생명의 끝을 보는 듯하다.

그러나 작은 달맞이꽃은 꽃잎을 화사하게 피워 사랑을 듬뿍 주고 간밤에 미련 없이 간다. 하룻밤의 추억을 안고 꿈결같이 사라져 버린다. 우리도 그렇게 죽을 수만 있다면 얼마나 좋을까. 그런 소원 때문인지 우리 정원엔 목련보다 달맞이꽃이 더 많다.

법정스님은 날마다 우리는 죽으면서 다시 태어난다고 했다. 맞는 말이다. 만약 죽음이 없다면 삶이 무의미해진다. 삶의 배후에 죽음이 떠받쳐 주고 있기 때문에 삶이 더욱 빛이 난다.

살고 죽음은 낮과 밤처럼 서로가 하나다. 영원한 낮이 없듯이 영원한 밤도 없다. 낮이 기울면 밤이 오고 밤이 깊어지면 새날이 가까워진다.

「토지」의 작가 박경리가 죽기 전에 쓴 유고 수필에서 생명은 아름답다고 했다. 그녀도 불치의 죽음을 앞에 놓고 아름다운 인생의 끝을 곰삭여 보았을 것이다. 엄청난 부와 명예를 다 가졌지만 삶과 죽음은 피할 수가 없었다.

서산대사는 '삶이란 한 조각의 구름이 일어나는 것이요, 죽음은 한 조각의 구름이 없어지는 것이다'라고 했다. 구름은 본시 실체가 없듯이 죽고 사는 것도 모두 그와 같다는 뜻이다. 그것이 앞서간 사람들의 모습이다.

모과처럼 무르익은 인생의 향기가 노인이다. 풍상을 겪은 우리 할아버지, 할머니에서만 그런 향기를 맡을 수 있다. 나는 그런 향기를 맡으면서 자랐다. 병들면 생로병사의 마지막 차례가 왔음을 받아들여 나도 그들처럼 미련없이 훨훨 떠날 수가 있으면 좋겠다. 그리고 달맞이꽃처럼 간밤에 사랑을 주고 떨어지고 싶다. 하룻밤의 추억을 안고 구름처럼 사라져 버린다면 더 좋겠다. 죽음이 꽃이면 더욱 좋겠다.

버리고 떠나기

법정스님이 버리고 떠났다. 산속 오두막집에서 기거하던 모든 것을 버리고 그의 말대로 빈손으로 왔다가 빈손으로 떠났다. 평생 수행을 하면서 쓴 십 수 권의 책도 재인쇄를 하지 못하도록 유언을 남겨 흔적을 없앴다. 말이 쉽지 아무나 그럴 수가 없다. 얼마나 위대하고 고귀한 죽음인가. 그의 죽음은 많은 이에게 감동과 신선한 충격을 주었다. 우리 주위에서도 스님처럼 그렇게 죽음을 맞이하겠다는 움직임이 한때 반짝 일더니만 어느새 조용해졌다.

그런데 더 본받을 점은 미국사람들의 버리고 떠나는 모습이 아닌가 싶다. 우리 집 하나 건너에 백인 할머니 헬렌이 94세로 얼마 전에 별세했다. 하루에도 여러 번씩 그녀의 집 앞을 지나며 '하이!' 하고 인사를 나누기도 했는데 불과 며칠 만에 세상을 떠났으니 노인은 밤새 안녕이란 말이 맞는가 보다. 동네에서 서로 마주보고 사는 할머니끼리 한 달에 한 번씩 돌아가면서 걸스(girls talk)모임을 갖는데 우리 차례가 되면 그 할머니를 만난다. 다들 8, 90대의 백인 가운데 유독 그 할머니만이 참으로 곱고 여리고 착하게 생겼다. 그녀의 자그마한 모습에서 나오는 향기가 이웃에게 정을 느끼게 한다. 할머니가 떠나고 나니 그 집 앞을 지나가기가 싫어졌다. 할머니는 이웃에게 정을 주고 떠난 것이다.

할머니가 돌아가신 후 놀라운 일이 벌어졌다. 현관입구에 집 매매광고(For Sale) 간판이 붙더니 뒤이어서 그녀의 모든 물건을 내다 파는 이른바 '에스테이트 세일(estate sale)' 신문광고가 나왔다. 집 건물을 비롯해 집안의 모든 물건을 파는 것이다. 흔적을 없애겠다는 것이다. 헬렌이 응급차로 실려가 병원에서 죽고서는 그길로 영원히 우리 곁을 떠난 셈이다. 유족이 와서 부모가 쓰던 물건 중 가질 만한 것은 먼저 가져가고 남는 것을 파는 경우도 있지만 이미 중년에 접어든 유족들이 가질 것 다 갖춘 성인인지라 부모의 유품에 손을 대는 경우가 드물다.

고인이 몸만 빠져나간 자리에 두고 간 물건을 사려는 산 사람이 구름처럼 몰려든다. 한국식으로 보면 불가사의한 현상이다. 부모의 손때가 묻고 정이 배인 유품을 낯모르는 사람에게 판다는 것이 말이 될 것인가. 불효막심한 노릇이 아닐 수 없고 자식들은 두고두고 욕을 먹을 일이지만 그것이 아니다. 생각할 나름이다. 곰곰이 따져보면 이보다 더 실질적이고 자원재활용적으로 현명한 일이 없다. 아침부터 헬렌의 집에 물건을 사려는 백인 할아버지, 할머니를 비롯 남미인, 한국인, 새로 이사 온 사람들 등 꾸역꾸역 온다. 개중에는 건드리면 쓰러질 것 같은 뼈만 남은 백인 노인이 옆에 필리핀인으로 보이는 간병인의 부축을 받아 오는가 하면 심지어는 산소통을 코에 걸고 오는 노인도 있다. 그리고 휠체어에 탄 노인, 워커를 집고 온 노인, 스쿠터를 탄 채 온 할아버지도 있다.

방금 죽어 나간 남의 초상집에 문상 온 것도 아니고 망인의 유품을 사려는 것이 신기할 만도 하다. 한국 같으면 죽어 나간 이의 옷가지나 덥던 이불을 태워 귀신을 쫓을 일이지만 그런 어리석은 일은 하지 않는다. 쓰다 두고 간 물건들은 산 사람들이 똑같이 필요하고 유용하게 쓸 수 있는 물건들이다. 그러니 필요한 사람들이 와서 저렴하게 사가는 것은 전혀 문제될 게 없다. 전통적인 관념이란 가끔 변화해 가는 시대의 사람들에게 족쇄를 채우려하기 때문에 그것만큼 위험하고 어리석은 것은 없다. 변화를 일으키는 사람도 있어야 하지만 변화가 있는지조차도 모르는 사람은 더 한심하다.

미국의 '에스테이트 세일'을 하는 집에 가보면 고인이 살다간 흔적을 고스란히 볼 수 있다. 젊었을 때의 고뇌, 암담한 시대에

산 모습, 헛된 욕망 등이 나타난다. 그것을 통해 삶의 품격을 짐작할 수가 있다. 거실에 놓인 소파가 먼저 눈에 들어오고 발을 옮겨 주방으로 가면 취사도구에서 안주인의 살림살이 품격을 알 수가 있다. 스테인리스 수저가 있는가 하면, 실버웨어가 놓여 있기도 하고, 값비싼 차이나로 식사를 한 집도 있다. 두고 간 물건들이 오래된 것에서는 집 주인의 부귀와 명예를 짐작할 수가 있다. 옷장에 걸린 옷가지와 그 크기를 보면 이 집 주인의 체격과 성격을 알 수가 있고, 장서에서 집 주인의 교육수준과 독서취미를 알 수가 있다. 기호품 수집을 보면 더 재미있다. 어떤 집은 목공예 소품을 수집하고, 어떤 이는 인형도자기를, CD를 수집한다. 어떤 집에 가보면 쓰던 재봉틀에서 알뜰한 안주인을 본다. 뿐만 아니라 전축, 비디오, DVD, 구두, 모자, 지팡이, 침대, 이불, 담요, 잠옷, 건강보조품, 화분, 정원 도구, 대소변용기, 골프채, 낚시도구, 연장 도구박스, 벽걸이장식, 시계, 오일페인트, 양말, 귀금속품, 화장품 등 모두가 우리가 필요하고 매일 쓰는 물건들에서 망자와 우리가 다르지 않다는 걸 알 수가 있다. 어쩌면 우리 집 물건들을 옮겨 놓은 것 같은 느낌을 준다.

값은 월등히 저렴하다. 떨이 값으로 보면 된다. 첫날은 표시해 둔 정가로 파나 다음날에는 반값이다. 전문골동품 수집상들이나, 개미시장 사람들이 아침 일찍이 와서 값이 될 만한 골동품(vintages)을 쓸어가 버리는 경우도 있다. 운 좋은 날에는 한국서 구경할 수 없는 희귀품들을 헐값에 건질 때도 있다. 이틀에 걸쳐 판 수입금은 판매자와 유족이 적절한 비율로 분배해서 갖는다. 그리고 팔다 남은 물건들은 교회나 자선단체에다 기증을 한다. 헬렌의 집에도 에스테이트 세일이 끝나자 큰 트럭이 오더니만 건장한 두 청년이 팔다 남은 가구들, 주방용품들, 옷가지들을 모두 들고 나간다. 집은 깨끗이 비어 있다. 헬렌의 오롯한 흔적은 흙으로 사라져 버렸지만 그녀의 청정한 영혼은 썩지 않고 살아 여러 사람들의 가슴 속에 따뜻이 살아 있다. 그녀는 진정 모두를 버리고 자유인이 됐다. 매이지 않고, 구속받지 않고, 집착이 없는 영혼의 자유를 찾았다.

이것이 미국사람들이 살아가는 실용적 방식이다. 이런 자원절약적인 생활태도가 미국을 세계에서 가장 풍요롭고 잘사는 강국으로 만들지 않았나 생각된다. 명분이나, 형식에 얽매여 요지부동의 퇴행적 관념이 없는 게 그들을 더욱 합리적으로 사고할 수 있게 한 것이다. 이에 비하면 우리는 너무나 많은 고정관념에 묶여있어서 요지부동의 불합리한 사고에 노예로 잡혀 있다. 그렇다 보니 사회발전과 변화에 적응이 느리고 남의 뒤나 따라가는 꼴이 되고 만다.

미국인들이 흔적을 없애는 모습을 보면서 나도 어떻게 버리고 떠나는 것이 좋은 건지에 대해 생각이 미친다. 법정스님이나 헬렌처럼 감동을 주고 품격을 남길 만큼 할 수는 없지만 내 나름대로 생각해 놓은 것이 있다. 나는 오래전 고건 당시 서울시장을 위원장으로 하는 장례개선위원회에 위원으로 있으면서 죽으면 화장을 하겠다고 유언을 썼던 일이 있다.

인생 팔십에 와서 보니 그 정도로는 성이 차지 않는다. 내 소지품과 쓸 만한 옷가지나, 물건들 그리고 책과 일상용품들은 필요한 사람에게 나누어 줄 것이고, 남는 돈이 여유가 있다면 나를 이토록 키워 준 모교와 컬럼비아대학에 몇 푼이라도 기증을 할 것이다. 그리고 내가 불치의 병에 걸린다면 연명하는 치료는 그만 두고 조용히 가게 하고, 몸의 장기는 필요한 사람에게 나누어 줄 것이며, 시신은 대학병원에 의대학생 실험용으로 쓸 것이다. 내 시신의 용도가 다 끝나고 나면 화장을 해서 내가 나서 자란 고택 뒷산에 가루를 묻어 주길 바란다. 내가 쓴 전공서적 여덟 권과 수필집 다섯 권은 그때가 되면 읽을 값어치가 없을 터이니 걱정할 필요가 없다.

그렇게만 된다면 내 영혼은 틀림없이 매임 없는 자유를 찾을 것이고 나는 진정 열반에 들어 기쁨으로 환생할지 모른다.

꼬마머슴 생각

어느 해 가을이었다. 대학에서 은퇴하고 고향에 머물 때다. 하루는 검은 정장을 한 젊은이 몇 사람이 까만 승용차에서 내려 우리 집으로 걸어왔다. 차가 골목길에 들어 올 때까지만 해도 내 제자가 서울서 찾아 온 거라고 생각했었다. 그러나 그들은 곧장 우리 집 관리인 방으로 들어갔고 허탕을 친 내 기분이 좀 썰렁했지만 어색한 모습을 감추고 곧 바로 서재로 들어가 내 할 일에 매달렸다. 그리곤 곧 잊어버렸다.

얼마나 지났을까. 누군가가 안뜰에서 나를 찾는 소리가 났다. 내다보니 우리 집 관리인이 그 젊은이들과 함께 서 있는 게 아닌가. 관리인은 그 청년들을 나에게 인사를 시킨다. 그는 좀 계면쩍은 표정으로 "대일형님의 아들입니다."라고 한다. 나는 순간적으로 대일이 누구더라? 하면서 잠깐 머뭇거렸지만 이내 "그래, 맞아, 너 형이 대일이었지." 하고는 내 나름대로 희미한 기억을 더듬기 시작했다. 대일에 대한 내 기억은 안개처럼 피어올랐다.

6·25전쟁이 끝나고 우리 동네는 가뭄과 기근으로 살기가 어려웠다. 엎친 데 덮친 격으로 흉년이 연거푸 찾아왔다. 사람들은 살기에 안간힘을 썼지만 흉년 앞에 장사가 없다. 유일한 탈출구는 식구 숟가락을 줄이는 것이다. 대일의 부모도 예외는 아니었다. 큰누나는 우리 작은할아버지 집에 식모로, 대일은 우리 집 꼬마머슴으로 들어 왔다. 어린 두 동생을 두고 그가 먼저 내몰렸다. 가난의 희생물이 되었다. 초등학교도 마치지 못한 대일은 10대 어린 나이로 얼마 되지 않는 사경(私耕)을 선불을 받고 우리 집 큰머슴을 도와 궂은일을 해야 했다. 바쁠 때 농사를 돕고, 한가할 때는 꼴을 해 소죽을 끓이고 가까운 산에 가서 나무를 해 오는 것이다. 그와의 끈질긴 인연은 이때부터였다.

둥글넓적한 얼굴에 약간 수줍어하는 대일은 고집이 셌다. 마음씨가 착하고 고왔던 그는 웃는 법이 별로 없다. 충직스러우리만치 우매하고 자존심이 강했다. 내가 십여 년 위인 듯했다. 휴전 후 나는 이미 고3에 들어가 입시준비를 해야 했고 그와 가까워진 것은 그 무렵이었다. 시내에 살던 나는 겨울방학에 시골집으로 와 서당방을 쓰고 있었는데 대일은 내 공부방에 군불을 지펴주었다. 비가 오나 눈이 오나 십대의 갸녀린 체구로 지게를 지고 뒷산에 가서 나무를 해와 내 방을 따뜻하게 해 주었다. 내 방은 그렇게 하루도 빠짐없이 따뜻했다. 그때만 해도 반상간 봉건적 잔재가 두터웠음에도 나는 그런 걸 떠나 그를 동생처럼 여기고 고마워했다. 언젠가는 그도 학교에 가고 공부하는 청년이 되길 바랐다.

그리고 나는 서울로 올라갔고 여러 해가 흘렀다. 대학을 졸업하고 군을 마친 나는 대학원에 진학하기 위해 또 다시 고향에 내려와서 시험준비를 했다. 이번에는 집에서 조금 떨어진 외딴 초가집 갓방을 빌려 놓았다. 대일은 그때 이미 중머슴으로 성장을 해서 우리 집에서 없어서는 안될 중요한 몫을 해내고 있었다. 그와의 두 번째 만남은 그렇게 이어졌다.

초가집엔 장판이 없었다. 흙바닥에 멍석을 깔아 놓고 거미줄을 걷어내고 나니 거처할 만했다. 그해 겨울엔 유난히 눈이 많이 내렸다. 동지섣달 밤은 길고 추웠다. 문풍지가 울어대는 긴 밤에 이불을 뒤집어쓴 채 허기진 배를 움켜쥐고 버티는 것은 여간 힘든 일이 아니었다. 호롱불 밑에서 밤을 새며 하루하루를 이어 갔다. 그렇게 진학의 열기는 높아갔다. 대일은 중머슴이 되어서도 조금도 싫은 내색을 하지 않고 눈이 오는 날에도 장작을 패서 지게에 지고 초가집 내 공부방으로 와서 아침저녁으로 군불을 지펴 주었다. 지금 생각해 보면 그의 정성어린 도움이 없었더라면 내가 어찌 대학원엘 가고 미국유학을 갈 수가 있었을까. 그 고마움을 잊을 수가 없다.

그와의 긴 헤어짐은 그 후부터다. 그를 잊고 지난 지 반세기가 더 넘었다. 대학에서 정년을 하고 고향에 돌아 와서야 옛날 꼬마머슴이 생각났다. 그는 70년대에 군을 마치고 조국 근대화의 물결을 타고 고단했던 머슴의 사슬에서 벗어나 도시 공장으로 자리를 옮겼다. 그리고 트럭 운전사로 안정된 생활을 했다. 결혼하여 가정을 꾸리고 아들 형제를 두어 행복하게 지냈다. 그러나 그 고집 때문인지 술을 달고 다니다 아까운 40대에 숨을 거두고 말았다. 아마도 가난으로 배우지 못하고 남의 집에 머슴으로 내몰린 그 열등의식 때문이 아니었을까 생각을 하니 내 마음도 무거워진다. 살아있다면 대포라도 한 잔 나눌 수 있을 터인데. 그래도 남은 식구들은 어려웠지만 아들 둘이 착하게 성장을 해 주었다. 오늘 우리 집에 찾아 온 두 청년이 바로 그 꼬마머슴의 아들이다. 막내 삼촌과 함께 그의 아버지 성묘를 하러 왔던 것이다.

"그래! 너희들이 바로 대일의 아들이구나." 하고는 나는 한동안 말문을 열지 못했다. 무슨 말부터 해야할지 몰랐다. 꼬마머슴이 환생하여 나타난 걸까. 청년들은 모두 잘생겼고 준수해 보였다. 애비보다 월등히 잘생겼다. 한 세대를 내려가며 그들은 새끼머슴 아들에서 의젓한 도시인으로 성장을 했다. 그의 아버지가 한때 우리 집 꼬마머슴이었다는 가려진 비애와 고통이 오늘의 그들에게 왜 멍에가 되어야 하는가. 그들은 이미 장성한 젊은 청년들이라 아버지의 어두운 그림자로부터 자유로울 때가 됐다.

나는 가슴이 벅차올라 눈시울이 붉어져 왔다. 그가 내 공부방을 따뜻하게 데워 주지 않았다면 오늘의 내가 어찌 있을 수 있을까. 나는 애써 속내를 감추고 대청마당으로 내려가 두 아들의 손을 잡았다. 따뜻한 체온이 느껴졌다. 꼬마머슴의 어릴 적 모습이 떠오르고 그가 데워주었던 서당방과 초가집 갓방의 따뜻한 아랫목이 겹쳐 왔다. 서당은 문화재로 다시 태어나 번듯하게 보존되고 있고, 초가집은 새마을사업으로 자취를 감추었다.

세월이 가면서 사람들은 가슴 아팠던 과거를 잊고 살려고 할지 모르지만 세월이 흐를수록 그리움만은 지울 수가 없는 것 같다. 나는 오늘따라 그 꼬마머슴이 한없이 그립다.

그해 여름

태양이 작열한다. 아스팔트는 더위를 먹고 엿가락처럼 흐느적거린다. 넓은 크레믈린 광장엔 인적이 없다. 이런 더위라면 사람들이 기절할 것만 같다. 나는 이맘때가 되면 아버지에 대한 연민과 그 지긋 지긋한 공산치하 때의 일이 잊혀지지 않는다. 그것은 어린 소년에겐 공포의 순간이었다.

구레나룻 수염에 매부리코를 단 스탈린이 크레믈린 광장에 모습이 없다. 제2차 세계대전에서 승전하고 돌아온 붉은 군대도 없다. 이렇게 조용하다니 믿어지지 않는다. 그때 그 함성, 군중들의 열광, 전쟁승리를 축하하는 군중들의 모습도 볼 수가 없다. 낡은 탱크를 몰고 이 크레믈린 광장을 가득 매웠던 그때의 광경과는 너무나 낯설다. 크레믈린 광장 한쪽 옆의 레닌무덤을 지키는 붉은 초병은 더위를 먹었는지 하품을 한다. 방부제에

절여 유리관에 담겨있는 레닌만이 그가 누렸던 영화를 기억이나 할까. 다만 그가 혁명을 통해 세운 이상사회라는 소비에트연방이 붕괴되고 초라한 모습으로 추락한 오늘의 위상을 알기라도 한다면 죽은 레닌도 놀라 벌떡 일어날지도 모른다.

그날도 유난히 뜨거웠다. 학교는 휴교에 들어가고 태양은 열을 토해내는 8월 어느 날이었다. 스탈린의 사주를 받고 남침한 지 한 달도 못 되어 우리 마을에 북한 인민군이 진주했다. 마을은 죽은 듯 조용했다. 얼마가 지났을까. 누구의 지시인지는 알 수가 없지만 마을 동구나무 밑에서 매부리코에 구레나룻 수염을 달고 음흉한 웃음을 띠고 있는 낯선 초상화와 그 옆에 꼭 붙어 다니는 앳된 망나니 얼굴을 열심히 그리고 있었다.

그때였다. 키가 작달막한 우리 동네 할아버지 한 분이 우리가 그리는 김일성 사진을 보시더니만 고개를 저으신다. 나는 물었다.

"할아버지, 왜 그러세요?"

"얘야, 내가 아는 그 김일성이 아니다. 이 김일성이는 가짜다."

가짜라니. 인공치하에서 거침없이 내뱉는 그 말씀에 나는 놀랐다. 그럼 내가 그리는 사진이 가짜라면 우리는 왜 그 어린 가짜 김일성의 초상화를 그려야 하는 걸까. 중학교 2년생이었던 나는 당황했다. 그림에 소질이 없던 나로서는 잘 되었다 싶었지만 어찌하랴. 그날 우리는 그 두 초상화를 그려 골목 담벽에 붙

여 놓아야만 했다. 그것이 마을에 주둔한 인민군의 지시이다

할아버지로부터 들은 이야기는 가히 놀랄 만하다. 일제 때 할아버지가 만주에서 일본군에 대항해 게릴라전을 했을 때의 김일성은 훨씬 나이도 많고 투쟁관록과 투지가 높았다고 한다. 이 김일성과 얼굴이 전혀 닮지 않았다는 것이다. 할아버지는 해방 후 만주서 귀국하셨고 그 뒤 정부로부터 독립유공훈장을 받으셨다. 이젠 돌아가신 지 오래다. 그렇다면 김정일은 가짜 김일성의 아들인 셈이 아닌가. 한심하게도 이 확실한 사실을 앞에 두고 아직도 김일성이가 가짜냐, 진짜냐에 대한 논쟁이 계속되고 있는 걸 보면 우리 학계가 이념의 덫에 걸려 한치 앞으로 나가지 못하고 있는 듯하다.

진짜 김일성이가 만주 독립군과 함께 일본군과 게릴라전을 할 때 북한의 가짜 김일성은 스탈린 휘하의 소련군 초급장교로 근무 하였으며 스탈린에 충복이었던 것이다. 일본이 패망하고 남북이 갈리자 스탈린은 가짜 김일성을 앞세워 북한에 북한공산정권을 수립했다. 오늘의 북한은 소련이 김일성을 위해 세워준 것이나 마찬가지다. 그런 그가 1949년 모택동이 장개석을 대만으로 축출하고 중국을 통일하자 이에 고무되어 한반도 남쪽을 공산화하려는 계획을 세운다. 그리고 스탈린으로부터 승인을 얻고 탱크와 트럭 및 중화기 등 2차대전 때 쓰다 남은 군수물자를 푸짐하게 공급을 받아 1950년 6월 25일 일요일 새벽을

틈타 일제히 38선 기습남침을 했던 것이다.

나는 피난을 가지 못하고 장남인 아버지를 따라 고향에 내려갔다. 종조부 두 분은 긴박했던 상황에서 간신히 대구로 피난 가셨지만 우리만은 큰 집인데다 그전 해에 돌아가신 증조할아버지 소상일이 다가오고 있어 피난을 갈 형편이 못 되었다. 장남은 집을 지켜야 하는 오래된 유교적 전통 때문이기도 하다.

레닌이 구 러시아제국을 무너트리고 볼세비키혁명을 일으켰던 1917년에만 해도 가짜 김일성을 길러낸 스탈린은 아주 보잘것없는 한 참모에 불과했다. 그런 그가 스승 레닌이 죽자 돌변해 야수같은 권력욕을 드러내 온갖 음모로 권력투쟁을 통해 동료들을 죽이고, 일부는 시베리아로 축출하고 35년간 공포의 장기 독재를 했다.

스탈린은 강압적으로 소련에 집단농장제를 만들어 주민을 한 곳에 가둬놓고 통제하는가 하면 연해주에 살던 수십만 명의 고려인들을 중앙아시아로 강제이주 시켜 수만 명을 죽게 만든 고통을 안겨 주었다. 비밀경찰을 동원하여 주민을 철저히 탄압하고 가공할 만큼의 무자비한 폭정을 했다. 이 판국에 인민들만 죽어나고 그들의 생활은 갈수록 궁핍해져 갔다. 스탈린이 이렇게 장기독재를 하면서 그 스스로를 '만능의 천재', '빛나는 태양', '삶의 지주', '위대한 선생', '우리의 아버지' 등으로 칭송했다. 한심하게도 북한은 스탈린을 그대로 빼닮아 김일성, 김정일, 김정은에 이르는 3대 세습을 통해 장기 독재를 하면서 벌이고 있는 개인숭배 모습이 그 스승에 그 제자 꼴을 보는 듯하다.

오곡이 탐스럽게 익어가고, 매미는 죽음이 가까워 오는지 목청을 높이고 있던 그해 8월 어느 날, 동네는 긴장이 감돌기 시작했다. 아버지를 체포해 간 인민군이 그를 인민재판에 회부한다는 소문이 돌았기 때문이다. 군청말단에서 몇 푼 벌어 자식을 교육시킨 게 그렇게 어마어마한 죄목일지는 아무도 몰랐다. 그리고 지주의 아들인 것도 다른 하나의 죄다. 여기에 아버지의 삼촌 되시는 두 분의 종조부님이 피난간 것도 빼놓을 수 없는 반역이자 큰 죄목이다. 해방이 되자 유독 우리 집만 밤마다 빨치산들이 급습하여 할아버지를 살해하려 위협했는가 하면 곡식을 털어 갔으니 이미 우리로선 공산주의가 어떤 것인지 경험을 했던 터다.

그날따라 달은 휘영청 밝았다. 인민재판이 열리는 날은 미군 공습을 피해 밤을 택한 것이다. 소련제 트럭이 한 대 오더니 그 위에 손을 뒤로 묶은 아버지를 꿇어앉혀 놓았다. 옆에 두 사람이 더 있었다. 인민재판은 짜여진 각본대로 한 놈이 위에서 육성으로 아버지를 세워 놓고 ○○○동무의 우익사상을 비판하고 지주의 아들로 공화국에 반동분자라는 죄목을 덮어씌웠다. 그리곤 '이 자를 그냥 두어야 하느냐, 죽여야 하는냐'고 흑백질문을 던진다. 잠시 죽은 듯 침묵이 흐르더니 누군가 한 놈 이

'○○○를 죽여야 한다'고 하자, 그 재판장이라는 놈은 즉시 사형을 선고한다. 모두가 짜고 치는 고스톱이다. 어스름 달밤에 누가 누군지 분간이 어렵지만 짐작은 간다. 오랫동안 우리 집에 빌붙어 살던 머슴들이다.

순간 술렁이는 신음소리가 들리는가 싶더니만 여기저기서 흐느끼는 소리가 난다. 조부님과 삼촌, 종숙 등 집안 어른들의 울음이다. 나는 마지막 아버지의 모습을 보려고 밀치고 앞으로 나아갔다. 아버지의 안경이 보이지 않는다. 근시가 심해 안경이 없으면 가까운 것도 볼 수가 없는 아버지가 그 경황에 나를 알아 볼 수도 없었지만 평소 그 당당하던 모습은 찾을 길 없고 초조하고 불안해하는 모습이다. 죽음 앞에 고개 숙인 그는 분명 우리 아버지가 아니었다. 우리 아버지는 총명하고 유머러스하며 남달리 인정이 많은 분이시다.

그렇게 일사천리로 인민재판을 끝내자 아버지를 실은 군용트럭이 시동을 걸고 출발을 하려 한다. 기적이 찾아 왔다. 누군가가 "○○○ 동무 내리시오."라는 소리가 들리고 아버지가 황급히 뛰어 내리자 트럭은 떠났다. 생과 사의 순간은 불과 몇 초 간이다. 그분은 동네 인민위원회 위원장이었으며, 아버지와 일제 때 보통학교 짝이어서 친했다. 얼마 뒤 여러 발의 총성이 울렸다. 인민재판을 받은 다른 두 사람은 마을 입구 변전소가 있는 약간 경사진 곳에서 총살을 당한 것이다. 아침에 보니 가마니에

덮인 시신을 누군가가 흙으로 덮어 놓았다.

우리 부자는 그 길로 피난길에 올랐다. 마을사람들로부터 떨어져 잠시나마 안전을 취하자는 것이다. 아버지의 충격도 다스릴 겸 그렇게 숨고 싶었다. 인민군 치하에서 피난을 간들 어디로 가랴. 메뚜기 뛰듯 뻔했다. 나는 지게에다 보리쌀과 좁쌀 그리고 된장, 고추장에, 밤에 덮을 홑이불을 지고 산을 넘고 내를 건너 산속에 버려 진 빈 초가집으로 숨어들어 갔다. 그날 그 고갯길이 왜 그렇게 멀고 힘들었을까.

세상만사가 영원한 게 없는 모양이다. 천하를 호령하던 스탈린도 하루아침에 중풍으로 쓰러져 죽더니 내가 그린 가짜 초상화의 주인공 김일성도 중풍으로 죽고, 그의 아들 김정일 역시 중풍으로 사망했다. 놀랍게도 스탈린을 추종하던 심복들은 줄줄이 그를 비판하고 격하운동을 벌였다. 1980년 후반에 개혁파 고르바초프가 등장 하자 소련이 개방 개혁을 하고, 이 지구상의 최초의 공산국가였던 공포의 소비에트 연방이 해체되고 옛 러시아로 되돌아가고 만다.

오늘따라 크레믈린궁에는 그 피비린내 나던 스탈린의 권력투쟁흔적은 찾을 길이 없다. 붉은 계급장을 단 경비원이 한가히 서성이고 있고 오가는 관광객들만이 그들을 신기하게 쳐다볼 뿐이다. 나는 몇 장의 사진을 찍었다. 곳곳에 세워 놓은 스탈린의 동상과 흉상들은 이미 철퇴를 맞아 없어진 지 오래고 그것들은 모두 고철로 폐기되어 자취를 감추었다. 그 자리에 삼성과 LG전자 광고가 유난히 빛을 받고 있다.

더위가 유난히 기승을 부리는 여름의 이맘때가 되면 나는 내 기억에서 까맣게 잊었던 그날이 불현듯 떠오른다. 공산치하 때 받은 그 충격 때문이었는지 아버지는 그 후 세상을 바로 살지 못하고 술로 세월을 보내시다 아까운 인생 50중반을 넘지 못하셨다. 그때 15세의 중학생이었던 나는 벌써 80에 와 있다.

많은 세월이 그토록 흘렀건만 오늘따라 내가 서 있는 이 크레믈린 광장에선 아직도 그때의 기억이 공포의 무덤으로 다가오는 것은 무엇 때문일까.

3.

낯선 곳에서 커피 한 잔

빙산은 어디로 숨었나

쾅, 쾅쾅…. 굉음을 내면서 빙하 덩어리가 떨어져 나간다. 몸체와 덩어리가 이별을 고하는 순간이다. 영영 다시 만날 수 없는 슬픔의 아우성인가. 그 소리는 마치 고층 아파트 한 채가 갈기갈기 찢어지며 폭발하는 느낌이다.

이 순간을 놓칠 수가 없다. 선상에 올라 온 승객들은 일제히 카메라 셔터를 누른다. 관광객들이 지르는 탄성에 기절할 것만 같다. 온 천지가 얼음뿐인 이곳에 눈이 시리다.

끝없이 펼쳐진 알래스카의 빙하는 얼음을 깎아지른 절벽 같다. 앞산만한 크기의 얼음 덩어리가 떨어져 해면과 부딪칠 때 내는 파고는 가히 충격적이다. 타이타닉호도 이런 빙산과 충돌해서 좌초했으니 그 위력을 알만하다. 움칠하며 배가 크게 울렁인다. 어느 사이 물개가 그 얼음조각 위에 올라타고 있다. 멀리서 날아든 바다 갈매기들이 끼룩끼룩 울며 주위를 맴돌고 범고래마저 먹이를 찾아 어슬렁거린다.

얼음덩어리는 몸체를 바다 속에 감추고 있어 얼마나 큰지 모른다. 우리는 빙산(氷山)의 일각(一角)만 보고 있는 셈이다. 몸통은 감춘 채 깃털만 보고 있다니 어디서 많이 들은 이야기 같다. 야생동물들은 이 얼음조각에 몸을 기댄 채 먹이를 찾지만, 눈에 보이는 얼음조각은 깃털에 불과하고 밑에 숨은 몸통이가 더 무서운지도 모른다.

그러나 우리는 늘 몸통을 찾지 못한 채 꼬리만 볼 뿐이다. 배는 빙산에 가까이 가질 못한다. 가끔 삐걱거리며 피해 간다. 타이타닉과 같은 참사야 있을까만 그래도 승객의 안전을 걱정하는 운항이어서 고맙다.

알래스카 크루즈에 함께한 일행은 사진작가로 활동하는 김상철 작가 내외와 중앙대학교에서 부총장으로 은퇴한 박경서 교수 내외가 합류했다. 한국서 온 김상철 작가는 남가주 오렌지카운티에 있는 우리 집에서 하루를 쉬고 차로 7시간을 운전해 버클리로 가서 내 막내 아들놈 집에서 하루를 쉬었다. 버클리 캠퍼스를 구경을 하고 다음 날 비행기로 시애틀로 가서 그곳에 사는 박교수를 만나 그분의 댁에서 또 하루를 쉬었다. 그러고 난 후 시애틀 항구 피어(pier)66에서 승선수속을 마치고 세레브리티 크루즈회사의 인휘니티(Celebrity Infinity)호를 탔다.

인휘니티는 승객, 승무원을 합쳐 3천명을 싣고 간다. 갑판 위에는 이미 승객들이 나와 시애틀의 아름다운 풍광을 보고 있다. 오늘이 2009년 5월 29일. 5월말이면 제법 따뜻하련만 시애틀은 북쪽에 있어서 그런지 아직 갑판 위는 쌀쌀하다. 시야를 멀리 돌려보니 휫드니 산이 눈을 이고 서 있는 게 마치 일본의 후지 산과 꼭 닮았다. 그래서 두 도시가 산자매결연을 맺고 있는 것 같다.

시애틀은 미국에서 살기 좋은 도시로 1위에 올라 있어 봄, 여름, 가을 동안에는 쾌적한 환경으로 살기에 그만이나 겨울은 5개월 동안에 매일 비가 온다. 이 때문에 미국에서 살기 좋은 도시가 자살률이 제일 많은 걸로 소문났다. 내가 살고 있는 남가주의 은퇴촌에는 그런 이유로 겨울만 되면 철새들처럼 시애틀과 오래곤에서 비를 피해 남부로 와서 사는 사람들이 많다.

배는 서서히 북쪽을 향해 움직이기 시작한다. 1시간쯤 지났을까, 그때 오른쪽 옆으로 돌고래들이 북으로 이동하는 모습이 보인다. 앞뒤로 줄을 맞추어 일사불란하게 머리를 올렸다 물속으로 내려갔다가 하는 모습은 정말 장관이다. 누가 시키는 것도 아닌데 질서를 지키는 모습만은 인간보다 낫다.

배가 북상하면서 양쪽의 산들이 흰 눈을 이고 있는 모습이 눈에 들어온다. 그런 눈이 쌓여 녹지 않고 만년설이 되면 주변은 빙하로 남아 있게 된다. 우리 일행은 아침 햇빛이 좋아 창가에 앉아 커피를 들고 있다. 그때 긴 목재를 실은 뗏목이 지나 가고 있다. 알래스카 목재인 듯싶다. 미국은 자원이 풍부하고 자연환경이 아름다워 지구상에서 어느 나라보다 복 받은 나라 같다.

크루즈싱 이틀 만에 첫 기착지인 케치칸(Kechikan)에 닿았다. 케치칸! 영어발음을 하기에 좀 이상해 보인다. 캘리포니아의 지명에 스페인 지명이 많듯이 이곳에는 인디언 이름이 많다고 한다.

케치칸에는 1890년대 한때 구리와 금이 나와 일확천금을 노리는 뚜쟁이들이 모여들기 시작하여 술집, 무도회집과 사창가가 성업했다. 아직도 그때의 문전성시를 이루었던 달리(Dolly)라는 사창가를 원형대로 복원하여 관광거리로 만들어 놓고 있다. 모두가 이곳을 신기한 듯 방안을 들어다보며 그때 젊은 남녀가 즐겼던 모습을 떠올려 본다.

우리를 안내하는 앨랜(Allen)은 초등학교 교사로서 관광 성수기인 일요일에 자원 봉사로 가이드를 하고 있다. 그는 자기가 인디언의 후예여서 이곳을 떠날 수가 없다고 한다. 인디언들은 자연을 숭배하고 그 질서에 순종하는 삶을 살고 있다.

도로와 집들이 모두 자연의 질서를 존중하듯 주위환경에 맞게 배치되어 있다. 그래서 그런지 케치칸은 도시라기보다 조그마한 촌락처럼 보였다. 계곡에서는 시원한 물이 폭포수처럼 흘러내리고 있는데 조금 있으면 연어들이 몸집을 불려 이곳까지 올라 와서 알을 부화하고 장렬한 죽음을 한다. 아직 날도 춥고 일러서 연어는 보이지 않는다.

케치칸을 둘러보고 선상에 올라오니 낙조가 장관이다. 20노트로 항해하는 배는 움직이는 느낌이 없다. 오후 3시에 출항하여 만 24시간을 달려 휴바아드 빙하(Hubbard Gracier)에 도착한다.

길이 6마일에 높이가 350피드에 이르는 빙하는 마치 얼음을 깎아 놓은 절벽을 앞에 두고 보는 듯하다. 빙산이 무너지는 비경에 정신을 잃고 갑판 위에서 넋을 달래고 있다. 배가 빙하에 부딪칠 때마다 배는 주춤하며 울렁인다. 수천 명의 승객들이 어찌 이 사실을 알 리가 있나. 설령 안다 해도 이 순간에 만은 그것을 기억하고 싶지 않을 것이다. 모두가 이 장대한 빙하 앞에서 경탄해 마지않는다.

불현듯 나는 겨울이 되면 처마에 매달려 떨어지는 고드름 소리와 더불어 봄을 재촉하는 마음을 기억해 낸다. 그리고 그 고드름을 빨아먹으며 논 적도 있다. 빙하가 녹는 것도 그와 같지 않을까.

호화 유람선를 타고 며칠을 서성거렸던 게 이런 기회가 자주 있을 것 같이 않아서다. 어떤 글에 보니 천하를 주유할 때 비행기로 가는 것보다 자동차로, 자동차보다 기차가 더 낭만적이며, 기차보다 한 수 위가 배를 타고 다니는 크루즈여행이라고 했다. 여행의 격조가 속도와 비래하는 모양이다. 내가 탄 9만 5

천톤의 배는 20노트로 달리고 있다.

그렇지만 이 신비스런 빙하를 얼마나 더 볼 수 있을지 아무도 모른다. 지구상의 빙하가 지구면적의 10%를 차지하고 있는데 그 깊이가 무려 2마일의 두께에 이른다. 지구온난화로 이 엄청난 빙하가 녹아내린다면 수면이 올라와 지구의 표면이 침식되어 인류가 공멸할거라고 경고한다. 결국 인간이 만들어낸 재앙이 코앞에 닥친 것이다. 그럼에도 모두 나 몰라라 하고 애써 외면하는 눈치다.

이 얼음덩어리 알래스카 땅을 미국이 제정 러시아로부터 사들이는데도 숨은 일화가 많다. 한국의 17배나 되는 불모의 큰 땅을 $750만불을 주고 샀으니 미국 의회가 가만있을 리 없다.

의회는 링컨 대통령과 실무책임자들에게 온갖 비판을 퍼부었다. "이 바보들아. 얼음이 필요하면 겨울에 미시시피 강의 얼음을 너의 안방에 넣어 놓으면 돼지 왜 알래스카의 얼음 땅을 사느냐."고 호통을 쳤다. 마치 1960년대 박정희정부가 경제 건설과 경부고속도로를 건설할 때 공사장에 드러누워 뒹굴면서 결사반대 했던 YS와 DJ가 생각난다. 아파트에 수세식변소를 설치하려니까 "먹을 물도 없는데 수세식 화장실이 웬 말이냐."고 삿대질했던 정치인들도 있었다. 어느 나라나 정치인은 입만 갖고 살지 미래를 보지 못하는 모양이다. 그때 반대했던 정치인들이 오늘날 고속도로를 달리며 집에서 수세식 변소를 사용하고 있는 걸 보면 너무나 아이러니한 게 아닌가.

그러나 알래스카는 금은, 석탄의 보고요 석유와 임업, 어업 등 천연자원이 풍부해 얼음덩어리가 '보물덩어리' 효자땅으로 둔갑을 했다. 러시아로선 보물 덩어리를 천덕꾸러기로 보고 돈 몇 푼에 팔아 치운 바보스런 일로 아직도 후회가 막심할 것이다.

우리가 하선한 케치칸 도시의 토템공원에는 알래스카를 산 링컨 대통령과 상무장관의 목각상을 하늘 높이 세워 두고 그들의 선견지명을 기리고 감사해 하고 있다. 어느 나라든 지도자는 앞을 보는 혜지와 리더십이 필요하다. 우리는 경제건설로 이만큼 풍요롭게 살도록 만들어 준 대통령의 동상 하나 세우지 못한 속 좁은 국민이라는 걸 여기서 부끄럽게 느껴진다. 링컨은 박정희보다 더 독재를 했다는 사실을 아는 이가 몇이나 될까. 미국은 잘한 것만 치켜세우는 국민성이 부럽다. 우리도 전직 대통령의 잘한 치적을 교육해야 미국처럼 선진국이 되지 않을까.

빙하를 보고 회항하면서 알래스카주의 주도(州都)인 주노(Juneau)와 캐나다의 빅토리아(Victoria)섬을 보고 시애틀로 돌아왔다.

꼬박 1주일간을 배 위에서 먹고, 자고, 배설을 했지만 배는 크게 요동치는 법이 없다. 배는 하얀 물결을 가르고 잘도 간다. 바다는 뱃길을 만들어 주고 없던 길도 내어 준다. 열린 마음의 바다가 고맙다.

온 산천이 눈에 덮여 있고 선창을 스치고 지나가는 찬 바람 소리가 이따금씩 적막을 가른다. 떠 있는 달과 별이 아름답고 교교하기만 하다. 내가 사는 곳에선 한밤중이어야 할 시간인데도 이곳은 아직 훤해 오랜만에 백야를 경험한다. 잠 못 이루는 밤에 우리는 선상에서 무한한 우주를 가슴에 안는다.

소금기 없는 바다, 끈적거림이 없는 바다는 고요하기만 하다. 요람에서 잠든 어린 아이 같던 바다도 가끔씩 일렁이는 물결은 어김없이 찾아온다. 넓고 푸른 바다, 수많은 더러운 강물을 끌어안고 아낌없이 베푸는 바다이지만 한 번 성나면 신의 노여움으로부터 인류의 생명에 재앙까지 불러 온다.

크루즈를 하는 동안 원없이 먹을 수 있는 게 음식이다. 지천으로 널려있다. 마치 음식박람회를 보는 것 같다. 탐식하다간 체중이 불어오는 것이 보통이다. 그렇지 않으려면 맛이 있을 때 숟가락을 놓아야 한다. 말이 쉽지 누가 그 유혹을 뿌리칠 수가 있을까.

뭐니 뭐니 해도 크루즈 여행의 백미는 역시 밤에 찾아온다. 곳곳에서 벌어지는 노래와 춤, 그것은 밤의 꽃이다. 아름답게 성장을 한 쌍쌍이 휘황찬란한 조명 아래 추는 춤은 가히 예술이다. 노래도 라이브이고 춤도 라이브이니 비록 무대 속에 함께 끼이지는 못해도 보는 것만으로도 흥겹다.

우리가 들은 생음악 무대에서 한국인 2세 여가수가 구성지게 노래를 부른다. 칵테일을 한 잔 시켜 놓고 자리를 했다. 그녀는 우리에게 신청곡을 적어 달라고 했다. 그녀의 음성으로는 패티 김의 노래가 맞을 것 같아 우리는 그의 히트곡인 「가을이 남기고 간 사랑」과 「애모」 그리고 한 곡을 더 적어 주었다. 그녀의 노래는 잠시나마 잊었던 고향의 향수를 불러 오게 했다.

밤이 익어 갈 때면 카지노에 몇 푼 던져 보기도 하고 면세점의 반짝세일에 기웃거려 본다. 그림 경매장에선 사람의 경쟁심리가 어떻게 작용하는가도 구경한다. 경매장은 그런 인간의 집착이 오기로 변질되는 상승심리를 이용하는 곳이다. 그림을 볼 줄도 모르지만 돈도 없으니 경매장을 지나는 내 가슴은 텅 비어 있을 뿐이다.

발을 돌리자 고즈넉한 방에서 피아노소리가 발을 잡는다. 신청곡을 받아 연주하는 좀 별난 곳이다. 영화 「피아니스트(Pianist, 1998)」가 생각난다. 이야기의 줄거리는 배 안에 버려진 아이 데니(Denny)가 선실에서 자라면서 천제적인 피아니스트로 성장한다.

평생 육지를 밟아 보지 못하고 배 위에서만 산 데니가 갑판 위 무도회에서 건반을 두드리는 장면이 나온다. 많은 사람들의 환호 속에 환상적인 모차르트의 피아노곡 「환생(Reincarnated)」을 연주한다.

출렁이는 배, 어른거리는 달빛을 받고 선율을 누비는 피아니스트 '데니'. 나는 이 고즈넉한 방에서 피아노를 치는 아이가 데

니인지도 모른다는 생각을 한다. 어쩌면 데니가 환생했을지도 모른다.

밤이 깊어 간다. 방으로 돌아가는 비좁은 복도는 마치 미로 같다. 여기가 저기 같고 저기가 여기 같은 좁은 골목을 헤매다가 내가 왜 갑자기 그런 데니 생각을 했는지 모른다. 알래스카의 빙산은 바다로 모습을 감추고 나는 내 꿈을 크루즈에 묻고 간다.

파나마운하를 가다

아침에 눈을 뜨니 파나마운하가 앞에 있다. 영국 퀸 빅토리아호가 내가 꿈꾸던 파나마운하로 데려다 준 것이다. 여기까지 오는데 여러 날이 걸렸다. 로스엔젤레스에서 아메리칸항공기로 플로리다주 포트 로더달(Fort Lauderdale)까지 가서 그곳에서 배를 탄 것이다.

일행으로는 한국서 온 호남대학의 오병태 교수 내외와 캘리포니아주의 실피치 이웃에 사는 임석중 박사 내외이다. 모두 영어통인 데다가 일행이 적어 편했다. 일행이 많으면 움직일 때 불편하다. 내 경험으로는 세 가족이 가장 알맞은 듯하다. 이 때문에 크루즈 기간 내내 우리는 함께 같은 테이블에 앉아 맛있는 식사를 하고 즐거운 대화를 나눌 수가 있었다.

아침 6시 30분에 플로리다주 포트 로더달 비행장에 도착하니 젊은 청년이 마중 나와 있었다. 세 시간의 시차에다 이른 새벽부터 서둘렀더니 모두가 어리둥절해 있었다. 안내를 따라 간단하게 아침 식사를 마치고 해안도로를 타고 주마간산 격으로 시내를 관광하기로 했다. 그러나 이른 아침이라 문을 연 가게가 없고 해안가에는 아침운동을 하는 사람들이 모래 위로 뛰고 걷고 한다. 바람이 세어서 날아갈 듯하다. 해안가에는 값비싼 콘도가 대서양을 향해 쭉 뻗어 있고 티 없이 맑은 태양이 이들을 비추고 있다. 박물관이라도 가볼까 했는데 그곳도 늦게 문을 열어 부득이 차를 돌려 마이아미로 내려갔다. 1시간의 거리다.

마이야미에서도 부유층이 산다는 해안 콘도미니엄 동네를 돌아보기로 했다. 늘씬하게 생긴 젊은이들이 히브리어를 쓰면서 아침 조깅을 하는 걸로 보아서 이곳이 유태인의 부촌임이 틀림없다. 이곳에서 한참을 쉬었다가 점심을 하러 한국식당으로 갔다.

골프를 전공한다는 가이드는 이곳 지리가 좀 어둡다. 여행사에서 유학생을 가이드로 쓰면 비용도 적게 들고 유학생 역시 아르바이트로 용돈을 벌어 서로 좋다. 이제는 세계어디를 가나 한국인들이 자리를 잡고 있어서 여행하는데 조금도 불편하지 않다. 국력이 그만큼 크다는 이야기다. 유학생이 가이드로 뛰는 경우를 나는 여러 번 보았다. 특히 이태리를 여행해 보면 현지 가이드 거의가 음악을 전공하는 유학생들이다.

마이아미에서 그 젊은 유학생을 보니 내가 1960년대 유학할 때가 생각난다. 당시 뉴욕에 한국 여행사도 없었거니와 전문 안내인도 없어 한국서 여행을 오면 강의가 없는 유학생들이 맡아 안내를 해주었다. 그것도 알음알음 이루어지고 우리는 그분을 통해 한국소식도 들을 수 있고 갖고 온 한국신문도 얻어 읽어 볼 수가 있었다. 당시 미국 오는 손님들은 거의 거물급이여서 용돈도 듬뿍 주기까지 했다.

마이아미에서의 하루 관광은 당초 생각했던 것보다 이렇게 싱겁게 끝내고 그 유학생이 안내 하는 대로 크루즈 탑승장으로 향했다. 그러나 그곳이 초행인 유학생은 여기저기를 한참 헤매다 겨우 어느 산 같이 큰 선박 앞에 우리를 내려놓았다. 이곳이 대서양 크루즈들의 집결지다. 그래서 그런지 대형 선박이 여러채가 빼곡히 늘어서 있어 우리가 타고 갈 배를 찾기가 쉽지 않았다.

시간은 아직 넉넉한 편이어서 긴장은 하지 않았다. 어렵게 승선장을 찾아 수속을 마쳤다. 갑판에 올라 와보니 장관이다. 크루즈는 대개 초저녁에 항구를 출발한다. 빅토리아호도 해가 넘어갈 무렵 포트 로더달을 출항했다. 기적 소리는 어딘가 슬프게 들려 왔다. 배의 기적소리는 선박마다 조금씩 다르다.

빅토리아호가 이틀을 꼬박 달리면서 쿠바를 끼고 지나갔다. 마이아미에서 누우면 코 닿는 곳에 쿠바가 있지만 미국에서 출발하는 그 어느 크루즈도 쿠바를 들르지 아니한다. 국교가 없는 공산

국가이기 때문이다. 쿠바를 가려면 부득이 멕시코 칸쿤으로 가서 그곳에서 임시 비자로 종이쪽지에 도장을 받고 들어간다. 여권에 기록을 남기지 않기 위해서다. 돌아 와서는 찢어버리면 그만이다. 쿠바로서는 손해 볼 것이 없다.

3일을 그렇게 달려서 닿은 도착지가 남미 맨 위쪽에 위치한 베네수엘라 바로 옆에 자리한 아루바(Aruba)이다. 아루바는 지도에도 잘 띄지 않는 작은 나라인데 한때 덴마크의 식민지였다가 1980년대에 독립을 했다.

이곳에서 우리는 나비농장을 구경하기로 했다. 조그마한 시골에서 나비 유충을 부화 시키는 과정을 보여 준다. 우리나라 경북 예천군에서도 여름 한철에 나비축제를 여는 걸로 알고 있는데 아마도 여기서 노하우를 배워간 게 아닐까. 불과 2주 정도 밖에 살지 못하는 나비들이 한 곳에서 살 수 있게 촘촘한 망을 주위에 둘러쳐 놓아 도망을 가지 못하게 해 놓고 있다. 어린 아이들이 안내를 하고 설명을 하는데 영어가 거의 완벽했다. 나중에 들으니 이곳 아루바 교육에서는 스페인어와 영어가 공용어라고 한다. 덴마크의 식민지였지만 그곳 언어보다 스페인어와 영어를 공용어로 교육을 시킨 것은 나름대로 일찍 국제화를 시켜 관광으로 먹고 살 궁리를 했던 것 같다. 울릉도만한 이 조그마한 섬이 국제경쟁에서 살아남기 위해 아이들에게 공용어로 영어를 교육시킨 것이 유의 깊게 다가 왔다.

아루바를 떠나 밤새도록 달려 간 곳이 파나마운하 입구다. 오늘 우리는 파나마운하를 통과하는 날이다. 기대가 클 수록 긴장이 큰 모양이다. 부지런히 서둘렀지만 갑판 위에는 벌써 인산인해였다. 구름이 낮게 깔려 좀 무거운 날씨지만 그런대로 볼만했다. 포트 로더달을 떠난 지 닷새 만이다. 이 불가사의한 운하를 보기 위해 빅토리아는 긴 카리비안해를 지나 아루바를 거쳐 이곳까지 오는 동안 좀 지루하다 싶었던 차에 운하를 보니 모두가 흥분했다.

아침 7시 30분. 9만 5천톤의 퀸 빅토리아호는 첫 번째 수문인 가툰갑문(Gatun Lock)에 들어가 물이 찰 때를 기다리고 있다. 물이 차니 배가 붕 뜬다. 폭포수처럼 쏟아지는 물거품과 물이랑이 일자 바다갈매기들이 날렵하게 날아들어 주둥이를 물 속으로 꽂더니 금세 먹이를 낚아 올라온다. 그간 크루즈를 해본 경험으로 갈매기가 배 언저리에 먹이를 찾아 맴돌 때는 배가 육지 가까이 와 있다는 증거다. 망망대해에는 갈매기가 없다. 갈매기도 인간과 함께 산다.

사람들은 모두 상기되어 있고 흥분된 모습들이다. 덩달아 나도 흥분되었다. 솔직히 이번 여행의 하이라이트는 파나마운하를 통과하는 것이다. 여기를 비행기로나, 육로의 기차나 승용차로는 올 수가 없다. 화물선을 타든가 아니면 크루즈를 타고 지나가야 만 한다. 그렇다 보니 아무 때나 가고 싶다고 갈 수 있는 곳이 아니다. 평생 한 번 경험하기도 어렵다.

3천여 명의 승객이 이 광경을 보기 위해 한꺼번에 갑판 위로 쏟아져 나와 9층에서 11층 목 좋은 곳을 다 차지해버렸다. 원색에 가까운 아름다운 색색의 옷을 걸친 은발의 백인들이 이 신기한 장면을 보느라 정신이 없다. 어느 크루즈 때보다 은퇴한 노인층이 많다. 나는 이들 틈새를 비집고 배 밑에서 물이 차올라오는 것을 겨우 내려다 볼 수가 있었다. 그것은 그나마 다행이다. 한국인의 작은 몸집이 이때 덕을 본 것 같다.

어떤 이는 망원경으로 주위를 줌하는가 하면 어떤 이는 카메라로 연신 사진을 찍고 있다. 나는 겨우 숨을 돌려 주위를 살펴보니 사방이 온통 열대밀림들로 꽉 차있다. 이 나무가 저 나무같고 저 나무가 이 나무 같은 검푸른 정글에서 열대의 습도가 몸에 달라붙는다. 피부가 금세 찐득찐득 해 온다. 스피카에서는 모기가 많아 조심하라는 주의가 나온다. 파나마 모기는 독해서 한 번 당하면 치명적이다. 불란서가 당초 이 운하를 개발할 때 수만 명의 중국노동자들이 이 모기로 인해 죽고 결국 철수하고 말았다. 나는 이런 정글 속에서 동물들도 나올 것만 같다. 얼마나 많은 사람들이 이 어려운 공사에 희생되었을까. 마침 선장은 방송을 통해 오른쪽 운하 언덕에 엘리게이터가 나와 있다고 알려준다.

배가 갑문을 통해 한 번 움직이는데 무려 880만톤의 물이 소요된다. 보스톤시민이 2주간 쓸 수 있는 물이다. 물이 수문 안에 차오르니 괘도차들이 배 양쪽에서 배를 묶은 로프를 매단 채 앞으로 끌고 간다. 갑문의 폭이 워낙 좁아 자칫 잘못 배가 울렁이면 배면이 긁히고 그러면 소금물에 금시 부식된다. 괘도차가 이를 방지한다.

대서양에서는 세 갑문을 올라가야 하고 태평양 쪽으로 나갈 때는 두 번의 갑문을 내려 가야한다. 대서양수면이 더 높다는 이야기다. 가운데 큰 인공호수를 통과하여 태평양쪽 갑문까지 종일 간다. 우리 배는 대서양에서 태평양쪽으로 가고 있지만 정확히는 배가 북에서 남으로 간다.

파나마 갑문공법이 20세기의 7대 불가사의 신공법으로 알려져 있다. 당시로서는 기가 찬 난공사를 이 공법으로 해낸 것이다. 그것도 불란서가 1880년에 시작했다가 정글모기 말라리아로 21,900명의 중국노동자가 죽고 엄청난 자본의 손실을 입고 손을 들고 나간 것을 미국이 들어가 1900년에 시작 4년 간에 걸쳐 신갑문 공법으로 완공한 것이다. 정말 놀라운 성공이다. 운하개통으로 얼마나 많은 시간과 에너지와 경비를 절약할 수가 있는가.

불란서는 처음부터 계획을 잘못 잡았다. 파나마대륙의 짧은 허리부분을 두 동강이로 절개를 해 양쪽 바닷물을 관통시킨다는 계획이다. 대서양과 태평양의 수면차를 모르고 시작한 불란서는 대륙 중간이 높고 정글의 산악지대에 막혀 많은 인명피해를 입고 실패하고 말았다.

미국은 중간지대에 물을 막아 댐을 건설한 후 대서양과 태평양의 양쪽에다 갑문을 설치, 그 물을 이용한 것이다. 이것이 개통됨으로 샌프란시스코에서 뉴욕까지 가는데 남미 칠레 끝을 돌아 남극을 통과해야만 하는 무려 22,500킬로미터의 거리를 9,500킬로미터로 갈 수 있게 됐다. 자그마치 13,000킬로미터를 단축시키니 여기에 연료와 시간의 비용절감이 얼마나 큰가. 미국이 이 달콤한 프로젝트를 마다할 이유가 없었다. 이 운하를 개통하고 나서 미국이 백년 간을 운영하다 근년에서야 파나마 정부에게 돌려주었다.

배가 대서양에서 세 번째의 가툰갑문을 통과하자 전면에는 끝이 보이지 않은 넓은 호수가 나타난다. 미국이 만든 세계 최대 인공호수인 가툰호수(Gatun Lake)다. 그 넓이가 자그마치 160평방 마일에 이른다. 여기서 배가 수로를 따라 아주 느리게 태평양 쪽을 향해 간다. 아침 해를 받으면서 갑판 위에 종일 서서 본다는 것도 지루하다. 정오쯤 되자 구름이 물러가고 날이 개인다. 왼쪽으로는 옛 미군기지가 보이는데 지금은 파나마대학 캠퍼스다. 파나마시가 가까이 온 듯하다.

운하 곳곳에서는 확장공사가 진행되고 있고 일부에서는 바닥 준설 작업을 하는 게 보인다. 화물 컨테이너 물동량이 폭증하여 새로이 운하를 하나 더 증설하고 있다. 운하폭도 기존의 것보다 더 넓게 설계되었다. 더 큰 컨테이너선과 크루즈선을 의식하고 있는 듯하다. 아무래도 태평양에서 몰려드는 일본, 중국, 한국, 인도 등지의 증가하는 물동량을 수용할 수가 없기 때문이다.

토인비는 일찍이 인류문명은 물에서 발달했다고 했다. 파나마 운하가 개통됨으로써 오늘날 동·서간의 문명을 잇는 목줄의 역할을 하고 있음도 부정할 수가 없게 되었다. 이 뱃길이 미국 동부뿐 아니라 아프리카와 북유럽 여러 나라들과 연결하는 안전하고 쉬운 길이 되었다.

수에즈운하를 거치든가 아니면 아프리카 남쪽 끝을 돌아가는 노선은 해적이 들끓을 때는 아주 위험하다. 중국이 새로 확장하는 이 프로젝트에 많이 투자하고 있는 것도 그런 측변에서 관심을 가질 만하다.

해가 뉘엿뉘엿 넘어간다. 배가 드디어 태평양 쪽의 미라플로레스 갑문(Miraflores Lock)에 닿았다. 여기서부터는 갑문을 타고 내려 가야한다. 이 장관을 보기 위해 태평양 쪽에서 수많은 육지 관광객들이 3층 건물 테라스에 꽉 차 우리를 향해 손을 흔들고 있다. 그들도 흥분했지만 우리로서도 그렇게 열렬히 환영해주니 기분 나쁠 것은 없다. 서로 손을 흔들고 사진을 찍기 바쁘다.

이명박 대통령도 4대강 운하구상을 위해 바로 이곳에서 우리

나라 한신컨테이너 화물선이 갑문을 통과하는 장면을 보았다고 한다. 배가 갑문에 들자 물이 빠지고 배는 밑으로 가라앉는다. 그렇게 두 번의 갑문을 지나니 태평양이 나온다. 왼쪽으로는 파나마 최대 도시인 파나마시가 초고층의 웅장한 모습으로 다가온다. 오후 5시다. 파나마운하를 통과하는데 자그만치 10시간이 소요됐다.

배가 태평양으로 완전히 빠져 나와 로스앤젤레스(Los Angeles)를 향해 북쪽으로 방향을 틀고 있다. 북적거리던 갑판 위에도 사람들이 하나 둘씩 자취를 감추었다. 써늘한 바람이 일기 시작한다. 중미의 태양은 힘을 잃고 태평양 끝자락 저만치에 걸려 고단한 하루를 마감할 준비를 한다. 곧 바다에 어둠이 찾아올 것만 같다. 문득 이 낯선 순간이 두렵고 슬프게 다가온다. 발길을 옮겨 방으로 가야겠다. 그리고 오늘 내가 본 이 장관을 차분히 기록해 두어야 할 것 같다. 이 밤이 끝나면 코스타리카의 커피농장이 우리를 기다리고 있다.

돌아온 탕자

한 폭의 그림에서 멋진 이야기를 찾아내는 것은 마치 퍼즐을 맞추는 것과 같다. 속담에 아는 것만큼 보인다는 말이 있듯이 모르면 그림만 보일 뿐 이야기를 읽지 못한다. 하지만 좋은 그림에서는 소설 같은 이야기를 찾아내기도 하고 한 편의 시를 빚을 수도 있다. 렘브란트의 작품 「돌아온 탕자」가 바로 그러한 그림이다. 그는 화란 출신 화가로 그의 그림이 화란에 있어야 하겠지만 러시아 박물관에서 더 많은 사랑을 받고 있다.

내가 이 그림을 처음 본 것은 러시아의 옛 수도였던 상트페테르부르크의 겨울궁정에서였다. 말이 궁정이지 실은 국립미술관이나 마찬가지다. 구 러시아의 캐서린 2세 여왕이 그림에 미쳐 서구의 명작 유화들을 자그마치 3만 점이나 수집해 벽마다 가득 채워 놓은 것이다. 박물관 입구에는 그림을 보려고 몰려든 사람들이 인산인해를 이루고 있고 렘브란트의 「돌아온 탕자」 앞에는 서로 좋은 자리에서 그림을 보려고 밀치고 당기느라 야단이다.

나는 그 그림을 보는 순간 좀 당황했다. 제목을 보고 그림을 보고, 또 그림을 보고 제목을 보며 이야기를 찾아 나섰지만 좀체 이야기가 눈에 들어오지 않았다. 그림 속의 진실을 찾는 것은 나의 강렬한 충동 때문이었다. 아버지, 어머니 그리고 아들들이 있는 걸 보면 필히 한 가정 이야기일 것이다. 아버지는 돌아온 탕자의 등을 두 손으로 따뜻이 감싸고 있고 아들은 무릎을 꿇고 아버지 가슴에 얼굴을 묻고 있다. 그 뒤에 어머니와 맏아들이 이 장면을 보고 있다. 그림 자체로 보면 아주 평범해서 그냥 스쳐 지나가도 될 만치 그렇고 그래서 하등 놀랄 것이 없다. 자식들을 여럿 둔 우리네 가정에서 봐도 흔히 있을 수 있는 일이다. 단지 다른 점이 있다면 어머니 대신 아버지가 아들을 따뜻이 품고 있다는 것이다. 엄부(嚴父) 자모(慈母)의 법도로 보면 어긋난다. 이 그림은 오히려 자상한 아버지상을 그려 놓은 것이다.

그림을 가까이서 보니 아버지의 두 손 크기와 모양새가 다르다. 오른손은 작고 예쁘게 그려져 있고 왼손은 크고 거칠어 손마디마저 굵다. 왜 그렇게 짝짝이 손을 그렸을까. 작고 예쁜 손은 엄마의 것이고 거친 손은 아버지의 손을 의미한다. 비록 아버지가 안고 있지만 어머니의 따뜻한 오른손이 아들의 등을 안고 있는 것이나 마찬가지다. 옆에 서 있는 두 아들은 아버지가 아들의 등을 어루만지는 걸 몹시 못마땅해 한다. 아니꼽다는 식이다. 말하자면 지 몫으로 나누어 받은 재산을 갖고 나가 창녀와 놀아나다 다 털어 먹고 거지신세가 되어 돌아온 동생을 그토록 자상하게 안고 어루만지는 아버지의 태도에 좀 못마땅하다는 것이다. 재산을 분배 받지 못하고 부모와 함께 집에 있는 저희들은 무엇이냐는 눈치다. 그럴 만도 하다. 다 같은 자식인데 차별받는 게 억울할지 모른다.

그러나 아버지의 입장에서 보면 똑 같은 자식이다. 가지 많은 나무에 바람 잘 날이 없다는 옛말과 같이 자식 사랑에 차별이 있을 수 있나. 엄마는 뒤에 약간 가려서 서 있지만 눈매 역시 걱정스럽기는 마찬가지다. 혹시 아버지가 돌아온 망나니를 때리지나 않을까 하는 조바심, 걱정, 초조한 심정이 그려져 있다. 동서양을 막론하고 엄마의 자식사랑은 예나 지금이나 같은가 보다.

돌아온 탕자는 집에 있는 두 형들에겐 고깝게 보였을 것이고 부모에겐 애물단지가 된다. 요즘 우리나라에서 유행하고 있는 시쳇말로는 잘 나가는 아들은 나라의 자식이고 돈 잘 버는 아들은 장모의 자식이며, 빚진 자식은 제 자식이라는 말과 같다. 결국 빚지고 돌아온 탕자만이 제 자식이라는 말이다. 좀 시니컬

한 표현이 될지 모르지만 렘브란트는 400년 전에 어찌 한국의 오늘을 꿰뚫어 보았을까. 그렇지만 이것도 옛말, 요즘엔 아들, 딸 구별 없이 하나만 낳다 보니 탕아는 없고 모두가 애물단지 뿐이다.

구한말 때 경북 안동에 유인식이란 청년 유림이 있었다. 일본제국주의의 악랄한 국권침탈이 노골화되던 때 그는 거금의 행자 돈을 쥐고 아버지 몰래 가출을 해 한양에 올라간다. 그는 신문명을 대하자 큰 충격을 받는다. 시골 촌 청년으로서는 우물 안 개구리가 세상을 처음 본 것이나 다를 바 없었다. 개화물결을 보자 그는 이를 거역할게 아니라 나라를 되찾기 위해 혁신과 계몽운동을 벌여야 한다고 결심을 한다. 그리고 상투를 자르고, 입고 간 두루마기를 벗어버리고 양복을 사서 입고 안동 고향으로 돌아간다.

골수 보수 유림의 아버지에겐 이런 아들의 모습이 오랑캐로 보였을 법했다. 무릎을 꿇은 아들을 아버지가 결코 어루만질 수가 없다. 아들의 머리에 있어야 할 상투가 사라졌기 때문이다. 등을 어루만지기는커녕 돈마저 탕진해 버렸고 입고 온 옷마저 해괴해 보였다. 보수 유림에겐 상투가 생명이나 다를 바 없으니 상투 없는 자식의 죄를 용서해 달라고 조상에게 고유를 지내야 할 판이다. 아버지에겐 기절초풍할 일이다. 신체발부수지부모(身體髮膚受之父母)인데 감히 어찌 훼손할 수가 있을까. 결국 그 아버지는 등을 돌린다.

시대의 아픔을 안고 아들 유인식은 김동삼과 더불어 1907년에 안동 내앞(川前)에다 경북 최초의 중등교육 기관인 협동학교(協同學校)를 세워 계몽 혁신운동에 앞장선다. 졸업생들은 거의 만주로 옮겨가 목숨을 던져 뼈를 깎는 조국광복운동을 벌인다. 아버지에겐 탕아였을지 모르는 유인식은 국가와 민족을 위해선 선각자이자 독립운동가이다. 일본경찰이 불을 질러 없어진 협동학교 자리에 오늘엔 안동독립운동기념관이 우뚝 서 있고 그 속에 유인식은 살아 있다.

렘브란트(Rambrandt,1602~1669)의 「돌아온 탕자」를 보고 있으려니 자식을 셋이나 둔 내 자신이 생각난다. 만약 철든 자식들이 일을 저지르고 돌아온다면 그렇게 따뜻이 감싸 안을 수가 있을까. 다행히 그런 자식은 없지만, 렘브란트의 그림에서 우리가 찾아내야 할 진짜 이야기는 자식을 가진 부모에게 한없는 사랑과 관용을, 자식에게는 일시적 탈선에 대한 회개를 암시하고 있다는 점이다. 중국의 증자도 부모가 자식을 사랑해 주면 자식은 부모에게 그 뜻을 거역하지 않는다고 했다. 마음의 상처를 치유하는 데는 사랑과 용기만한 게 없다.

뉘우침과 용서 그리고 사랑이 없이는 우리는 사회나 가정을 하루도 지탱할 수가 없다. 갈등과 대립은 모두에게 불행을 가져다 줄 뿐이다. 관용을 베풀고 사랑하는 게 어찌 자식에게만 국한될 수가 있을까. 이웃도 마찬가지다. 이웃사촌이 좋다는 게 빈 말이 아니다.

우리는 순간적이거나 일시적으로 탈선을 하고 실수를 하더라도 회개하고 용서하면 누구나 참 인간으로 다시 태어날 수 있음을 안다. 어른들의 입장에서 보면 탈선일 수 있지만 자식에겐 그것만한 값진 교훈이 없다. 좀 역설적이긴 하지만 초년에 일저지르는 자식들이 후년에 대성하는 것을 우리는 종종 본다. 렘브란트는 긴 안목에서 이를 예언한 것이 아닐까.

자식의 세계가 부모와 같을 수 없다. 자식도 하나의 독립된 인격자이자 그의 삶이 있다. 영역이 다른 삶의 세계를 어른들의 것과 같이 강요하고 재단하는 것은 어리석은 일이다. 아버지에겐 버린 자식처럼 보였을지 모르는 유인식이 결국은 애국 독립운동가이자 나라의 선구자가 아니었던가. 아버지의 한량없는 마음가짐이 자식에게는 새로운 꿈을 이룰 수 있음을 배운다.

렘브란트의 그림은 그런 교육적 교훈을 우리에게 암시한다. 매일 이런 그림을 한 폭씩만이라도 볼 수만 있다면 우리의 삶이 훨씬 풍요롭고 아름다워질 수가 있지 않을까.

낯선 곳에서 커피 한 잔

커피 한 잔으로 잠을 깨운 이른 아침이다. 식당은 붐빈다. 다들 병에 물을 충분히 넣고 먹을 것도 준비하느라 분주하다. 오늘은 중미 커피의 나라 코스타리카(Costa Rica)에 배가 닿는 날이다.

커피를 처음 발견한 것은 850년경이다. 에티오피아에서 목동이 몰고 가던 염소가 어떤 열매를 따먹더니 그만 흥분해 뒷발질을 해댔다. 목동은 그 열매를 따먹어 보니 정신이 맑고 기분이 좋았다. 이 붉은 열매를 이슬람 승려에게 선물을 했고 이것이 그 후 유럽으로 건너가 17세기부터 커피가 대중화되면서 만병통치약으로 활용됐다고 한다. 코스타리카에 상륙한 커피는 쿠바를 경유해 유럽인들이 들여온 걸로 알려져 있다.

코스타리카는 파나마와 니카라과 사이에 있는 중앙 남미에서 아주 독특한 나라다. 중앙아메리카에서 유독 이 나라만이 정상적인 민주주의에 비교적 안정적인 국가를 꾸려가고 있다. 그 이유는 그들의 따뜻하고 부지런한 국민성에 있다고 한다.

코스타리카는 1948년에 헌법을 만들 때 군대를 없앴다. 적이 없는데 군대를 갖고 있으면 할 일이 없는 군대가 정치에 관여하다가 쿠데타나 일으키는 골치 아픈 존재로 변질될 수가 있다. 군대가 없는 코스타리카가 행복한 나라인 것이 이해될 만하다. 이웃 니카라과만 하더라도 공산 쿠바의 사주를 받은 군대들이 그간 공산혁명에, 미국의 사주를 받아 일으킨 쿠데타에, 게릴라에, 할 것 다하고 아직도 정신을 못 차리고 나라가 둘로 쪼개져 보수당과 민중당이 서로 군대를 갖고 각기 자기네 수도를 지킨다며 싸우고 있다고 한다. 그 나라가 못 사는 이유는 살찐 군대 때문이다.

우리 배가 이른 아침에 푼타레나스(Puntarenas)항에 정박했다. 푼타레나스란 말은 스페인어의 '모래곶'이란 뜻이다. 태평양에 면해 무역의 중요한 항구로 커피 수출을 위해 개발해 놓았던 곳이다. 이곳에서 1시간쯤 떨어진 고산지대가 커피 생산지다. 고산지대는 화산이 폭발한 곳이어서 땅이 비옥하다. 이곳에 커피가 잘 되어 유럽인들이 일찍부터 여기에 눈을 돌린 것이다.

코스타리카는 내륙 산맥을 중심으로 둘로 갈라져 대서양쪽과 태평양쪽이 서로 언어가 다르고 기후도 다르다. 태평양쪽은 커피수출을 통해 독일, 영국의 영향을 많이 받아 영어권에 속하면서 훨씬 개방적이고, 반면에 대서양쪽은 쿠바의 영향을 받아 스페인 문화가 짙다.

날씨가 화창하다. 대기하고 있던 10번 버스에 오르니 커피농장으로 안내할 셀마(Selma)라는 여자가 우리를 반긴다. 중간키에 거무튀튀한 피부를 가진 이 여자는 시원하면서도 걸걸한 성격에 종횡무진으로 농담을 한다. 자기는 가이드가 아니라 민간외교관이라고 소개하면서 자부심을 갖고 일을 한단다. 사실 처음 가는 외국인에게 가이드는 민간외교관 역할을 한다.

도로는 커브길이 많고 협소하며 포장도 엉망이다. 옛날 우리의 강원도 산길 같다. 동서 간을 잇는 화물차들이 많아 운전이 조심스럽다. 열대지방의 식물들이 길 양쪽을 꽉 메우고 있다. 손만 내밀면 바나나, 망고, 파인애플을 딸 것 같다. 가이드 셀마는 국토의 25%가 국립공원이라고 자랑한다.

그러고 보니 스필버그의 「쥬라기공원」을 이곳에서 촬영했던 것이 생각난다. 옆에는 독일이 한때 커피운반용으로 건설했다는 협궤가 놓여 있다. 지금은 사용하지 않고 있지만 이것만으로도 이곳 커피가 유럽인들의 일등 기호품이었던 것을 짐작할 수 있다. 원래 이 길은 철도가 개설되기 전만해도 커피를 운반하는 소달구지(Oxcart)가 다니던 길이다. 그것을 차도로 확장해 그대로 쓰고 있으니 도로폭도 협소하고 노면도 엉망이다.

도로 옆으로 우리나라 50년대 전란 때의 '하꼬방' 같이 생긴 열악한 주택이 보인다. 한마디로 주거상태가 영세하고 초라한데 창에는 모두 쇠창살을 달아 놓았다. 세계에서 가장 행복한 나라라는 이곳이 왜 이렇게 살벌하게 창살을 달아 놓았을까. 의문이 풀리는 데는 긴 시간이 필요하지 않다. 안내자에게 물어보니 이곳 주민들은 먼 곳으로 장기간 일하러 가서 집을 비우기 때문에 짐승들의 침입을 막기 위해서라고 설명한다. 커피 수확기 때에는 몇 달씩 집을 나가 일을 한다.

버스는 현기증이 날만큼 커브 길을 돌고 돌아 한참 만에 우리를 커피농장에 내려놓는다. 에즈 페라자 커피농장이다. 버스가 가까이 가자 이미 상큼한 마술에 가까운 커피 냄새가 내 코를 찾아온다. 끝이 보이지 않는 주변 산등성이가 모두 커피나무로 덮여있고 숲 사이에 간간이 집들이 묻혀있는 것이 눈에 띈다.

나무들은 모두 우리 키만큼 잘 다듬어져 있다. 너무 웃자라면 사람들이 일일이 올라가 따기에 위험한지 손이 닿기 알맞게 가꾸어 놓았다. 이곳에서는 1년 내내 커피나무가 꽃을 피우고 열매를 맺는다. 꽃은 자스민처럼 희고 냄새도 그러하다.

우리가 갔을 때 마침 꽃을 볼 수가 있었고 열매도 조롱조롱 매달려 있었다. 에티오피아 염소가 따먹고 흥분해서 뒷발질 했다는 빨간 열매가 달려있다. 꼭 작은 앵두 같다. 이것이 익으면 딴다.

열매를 벗기면 그 안에 두 개의 쌍둥이 씨앗이 나온다. 간혹 한 개짜리도 있다. 한 개짜리들은 별도로 모아 맛 좋은 커피를 만들어 비싸게 판다. 벗긴 열매는 깨끗이 씻은 후 씨 안의 껍질을 벗긴 후 건조시킨다. 태양열에 말린 씨앗을 볶아 시간에 따라 연한 커피, 진한 커피, 에스프레소를 만든다. 많이 볶을수록 카페인이 소멸된다. 디카피네이트(decaffeinate)는 독일에 갖고 가서 카페인을 추출하고 남은 카페인은 코카콜라 회사로 보내어 콜라 원료로 쓰인다.

1년에 5번의 수확을 하는데 성수기 때는 인근 니카라과 노동자들을 불러들인다. 이들이 한 바구니에 $1.50의 노임을 받는다니 하루 종일 손으로 딴대도 몇 바구니를 딸까. 대한제국 때 우리 선조들이 하와이 사탕수수농장과 멕시코 애니깽 농장에 노예노동자로 끌려가 힘든 노동을 하며 착취당했던 쓰라린 기억을 떠올려 본다.

커피농장을 돌아 커피를 가공하는 공장에 들렀다. 여기서는 커피를 포장하고 실어 나르는 과정을 보여 준다. 우리가 즐겨 마시는 스타벅스 커피 역시 이곳에서 가져간다. 커피원료로 술도 만들고, 과자와 껌도 만들어낸다. 코스타리카는 국민총생산의 25%가 커피수출에서 나오고 노동력의 10%가 커피산업에 종사하고 있다. 코스타리카를 중남미의 '스위스'라고 일컫는 것이 이 향긋한 커피맛 때문이 아닐까. 많은 사람들이 천당에 가

길 원하듯이 커피애호가들은 코스타리카에 가서 커피 마시길 원할지도 모른다.

나는 이제 커피의 나라 코스타리카에 왔으니 남은 것은 천당에 가는 일뿐이다. 그렇지만 천당이 따로 없다. 내 마음이 곧 천당이다. 비라도 오는 날이면 창가에 앉아 따뜻한 커피 한 잔 마시며 감미로운 향기에 취해보고 싶다. 그것이 곧 내 마음의 천당이 아닐까. 초의선사의 동다송(東茶頌)에 혼자 차를 마시면 신비롭고(神) 여럿이 마시면 그냥 그렇다고 했듯이 커피는 혼자 마셔야 제맛이다. 그래야 잡념을 없애고 마음이 맑아 신비로운(神) 맛을 느낄 수가 있을 것 같다.

이 낯선 곳에서 커피 한 잔이 나를 천당으로 안내하고 있으니 나는 정녕 행복한 여행객임에 틀림없다.

삶이 그대를 속일지라도

사춘기에 접어들어 러시아의 시인 푸슈킨의 시를 한 번쯤 애송해 보지 않은 이가 없을 것이다. 푸슈킨은 젊은이들에겐 한때 우상이나 다름없었다.

북유럽 크루즈로 스칸디나비아 여러 나라를 여행하다가 러시아의 옛 수도 상트페테르부르크에 내렸을 때 나는 그의 시 「삶이 그대를 속일지라도」가 떠올랐다. 상트페테르부르크는 유네스코가 지정한 세계 인류문화유산답게 도시 전체가 하나의 아름다운 예술작품이다. 이곳에 내가 좋아하는 푸슈킨(1799~1837)의 집이 있다. 오늘은 그를 찾는 날이다. 날씨는 그지없이 아름답고 청명했다. 하늘은 티없이 맑고 햇볕이 따사로웠다.

무뚝뚝한 러시아 운전수는 우리를 아무 특색 없는 주택가에 내려놓았다. 아무리 보아도 푸슈킨이 여기서 그렇게 열렬한 사랑을 한 것 같지 않다. 더욱이 나탈리아와 신혼생활을 보낸 집치고는 초라해 보였다. 그의 명성에 비해 집은 아무런 감동을 주지 못한다. 별 특색도 없는 밤색 벽돌집은 러시아풍이라기보다 유럽풍에 더 가까운 듯하다. 언뜻 보아 어느 아파트 같은 이 집에서 푸슈킨이 달콤한 신혼을 보냈다는 것은 믿어지지 않는다. 그는 이곳에서 사랑하는 아내와 신혼의 꿀맛도 보기 전에 죽음을 맞은 비극의 현장이기도 해 충격적인 장소로 다가 왔다.

러시아귀족의 명문가에서 부유하게 자란 푸슈킨은 진보적이며 혁명적인 인사들과 폭 넓은 교류를 통해 서유럽의 앞서가는 변화를 민감하게 받아들이게 된다. 그것이 그를 부패하고 무능한 전제 페테르부르크 왕정의 압제에 맞서 저항 운동을 일으키게 한다. 황실로부터는 어쩔 수 없이 미운 오리새끼가 된다. 그의 저항시가 불씨가 되어 푸슈킨은 4년간의 유배생활을 한다. 그렇지만 결코 물러서지 않는 그는 풀려나서도 자기만의 고유한 삶을 추구하며 시를 쓰기 시작한다.

그가 우연히 무도회에서 만난 나탈리아와 사랑에 빠져 주옥같은 서정시로 사랑을 불태운다.

당신을 사랑했습니다
그 사랑은 아직도
내 가슴에 불타고 있습니다

하지만 내 사랑으로 인해
더 이상 당신을
괴롭히지는 않겠습니다
슬퍼하는 당신의 모습을
절대 보고 싶지 않으니까요
말없이 그리고 희망도 없이
당신을 사랑했습니다
때론 두려워서
때론 질투심에 괴로워하며
오로지 당신을 사랑했습니다
부디 다른 사람도 저처럼
당신을 사랑하길 기도합니다… 생략 …

푸슈킨의 애절한 사랑고백은 나탈리아를 움직이기 시작한다. 하지만 그의 유배 전력과 사상 때문에 그녀는 결혼에 고민을 한다. 이를 눈치 챈 푸슈킨은 거액의 지참금을 바치고 그녀와 전격적으로 결혼에 성공한다.

그렇지만 그렇게 애걸하다시피 해서 얻은 그녀와의 달콤한 신혼생활도 그리 평탄하지는 못했다. 그것은 무엇보다 미모를 자랑하던 나탈리아가 한 남자에 만족하지 못했기 때문이다. 그 바람기를 누가 말릴 수 있으랴. 유부녀로서의 품위를 깨고 여동생의 남편인 단테스와 뜨거운 염문을 퍼트린다. 푸슈킨에겐 손아랫동서이다. 그들에겐 로맨스일지 모르지만 푸슈킨에겐 불륜이다. 소문은 돌고 돌아 푸슈킨의 귀에 들어갔고, 푸슈킨으로서는 참을 수 없는 분노와 수치심에 빠지고 만다. 푸슈킨의 감정은 극도에 달한다.

푸슈킨과 단테스는 서로 물러설 수 없게 된다. 단테스는 네덜란드 근위병 출신으로 총잡이에 이골이 났지만 푸슈킨은 한낱 나약한 글쟁이에 불과하다. 둘은 총으로 결투를 벌이기로 한다. 그 총질은 단테스의 일방적인 승리로 끝났다. 단테스의 총에 복부를 치명적으로 맞은 푸쉬킨은 그 자리에 쓰러져 3일 만에 숨을 거두고 만다. 그의 나이 38세, 아까운 짧은 생을 마감했고 그가 남겼다는 절명시 「삶」이라는 시는 그의 죽음을 예고나 하듯 이같이 이어진다.

삶이 그대를 속일지라도
슬퍼하거나 노여워하지 말라
슬픈 날엔 참고 견디면
즐거운 날은 오고 말리라
마음은 미래를 바라는 것
현재는 한없이 우울한 것
모든 것 하염없이 사라지니
지나간 것은 그리움 되리니
삶이 그대를 속일지라도
노하거나 서러워하지 말라
절망의 나날 참고 견디면

기쁨의 날이 반드시 찾아오리니… 생략 …

그의 죽음이 알려지자 주위에서는 페테스부르크 황제가 꾸민 계획적 청부살인이었다는 소문이 퍼진다. 평소 미운 오리새끼 취급을 받아오던 그였기에 이런 소문이 뜬소문만은 아니다. 성난 군중들이 그의 죽음에 항의하자 장례식은 비밀리에 치른다. 나탈리아와 단테스는 스위스로 도망갔다고도 하고 7년 만에 재혼했다고도 전해 온다.

비명에 간 그의 죽음에 대한 음모론은 깊어만 갔다. 나탈리아가 단테스에게 싸움을 부추겨 푸슈킨으로 하여금 결투를 하도록 유도했다는 설이 있는가 하면, 더 놀라운 사실은 옆에서 결투를 보고 있던 나탈리아가 푸슈킨이 쓰러지자 웃으면서 단테스에게 다가갔다는 이야기도 있다. 그렇다면 푸슈킨은 청부살해된 것이 틀림없고 그 중심엔 나탈리아가 있고 배후에는 황제가 지목될 만하다. 전제정권하에서는 이와 같은 계획적인 암살을 통해 미운 오리새끼를 제거하는 것이 관행이었던 모양이다.

나는 이런 저런 생각에 빠지다 억울하게 죽은 푸슈킨이 가엾다는 생각이 든다. 나를 슬프게 한다. 이런 의혹을 증명이라도 하듯이 집 건너편에는 푸슈킨과 나탈리아가 나란히 서 있는 동상이 있다. 둘은 부부처럼 다정스레 서 있지만 두 사람의 손은 서로 엇갈려 잡지 않고 있다. 왜 그렇게 어색한 동작으로 서 있을까. 둘은 부부였다기보다 오히려 연적임을 보여 주기 위해서다.

'삶이 그대를 속일지라도/ 노하거나 서러워하지 말라'고 읊은 푸슈킨은 정작 그의 아내에게 속아 총을 맞고도 노하지 않았을까. 통곡할 일이다. 사랑의 아이러니가 어찌 이만한 게 또 있을까 싶다. 푸슈킨은, 아니 한 어리석은 사나이는, 한없이 요염한 여인에 속아 젊음을 빼앗기고 아까운 생을 날려 버린 것이다.

7월의 긴 여름, 북유럽의 태양은 작열하고 지친 길손들은 푸슈킨의 동상 옆 벤치에 쉰다. 동상 주위에는 집 없이 떠돌아다니는 홈리스들이 쏟아내고 간 배설물과 오물로 코를 들 수가 없다. 이것이 공산 소련이 붕괴되고 난 오늘의 러시아를 증명이라도 하는 듯하다. 나는 푸슈킨의 동상을 보자 가여운 한 청년 시인의 죽음에 안타까워진다. 사랑하는 아내에게 속아 힘없이 쓰러진 현장을 뜰 수가 없다. 발길을 돌리자니 나에겐 풀리지 않는 수수께끼가 가슴 가득 밀려온다.

돌아가는 밤길은 무겁기만 하다. 버스는 우리를 싣고 크루즈 배로 가고 있지만 이날따라 북유럽의 백야(白夜)가 상트페테르부르크의 밤을 잠 못 들게 하고 있다.

8시에 떠나요

「8시에 떠나요」. 영화 주제곡이다. 이 곡을 듣고 있자니 영화 조르바(1964)를 촬영한 그리스의 피레우스에 갔던 생각이 난다. 한(恨)과 우울한 저항이 겹쳐지는 분위기를 느끼게 하는 배경음악이 마치 모래시계의 주제곡과 흡사하게 다가오는데 나로 하여금 왜 이 음악이 피레우스를 생각케 했을까.

그때 나는 코스타 콩코다아 크루즈를 타고 지중해를 돌아 아테네로 가는 중이었다. 그곳이 12만 톤의 큰 배가 정박할 수 있는 유일한 항구이기 때문이다.

"바다, 가을의 따사로움, 빛에 씻긴 섬, 영원한 나신, 그리스 위에 너울처럼 내리는 상쾌한 비, 죽기 전에 에게해를 여행한 행운을 누리는 사람에게 복이 있다고…. 꿈과 현실의 구분이 사라지고…."

조르바는 그렇게 중얼거렸다.

그렇다면 나는 조르바처럼 꿈과 현실이 구분되지 않을 만치 행운을 누리는 셈인지는 모른다. 또한 「일요일에는 참으세요(Never On Sunday)」를 촬영한 데다가 뮤지컬로 선풍적인 인기를 모았던 「맘마미아」의 환상적인 언덕이 생각나는 그리스 언덕은 이래저래 나에겐 꼭 한 번 들러보고 싶었던 흥미로운 곳임이 틀림없었다.

크루즈에서 하선하자 차가 대기하고 있다. 비단결 같은 피레우스 항구가 손짓을 한다. 그리스 선박왕 오나시스가 케네디 대통령의 미망인 재키와 재혼한 곳이 피레우스다. 항구를 비켜 나가 한 시간쯤 달리자 아테네의 중심에 우뚝 솟은 언덕 위 아크로폴리스가 눈에 들어온다. 이곳은 아테네를 수호하는 아테나신을 모신 신전이다. 고대 그리스인들은 매일 멀리서 이 신전을 향해 경건한 마음으로 참배를 하고, 그 아래에 있는 아고라 광장에 모여 그날의 일과를 시작하며 자유 토론을 벌인다. 소크라테스와 플라톤이 2500년 전에 그리스 시민들과 더불어 자유토론을 벌인 아고라에 간다니 공연히 흥분된다. 그들을 만날 수가 있을 것만 같다.

아크로폴리스 언덕 위에 우뚝 솟은 파르테논 신전을 본다는 것은 아고라 못지않게 가슴을 뛰게 한다. 무엇이 그렇게 나를 감동스럽게 하는 것일까. 아침 일찍부터 입구는 혼란스럽다. 여기서 멀지 않은 곳에 소크라테스가 동굴감옥에 갇혀 독배를 마셨다는 곳도 저만치 보인다. 형형색색의 깃발과 고무풍선들을 들고 줄을 지어 올라가는 사람무리들에게서 알아들을 수 없는 언어가 공해로 들려온다. 깔아 놓은 돌포장길은 수천 년 동안 사용한 탓인지 반들반들하게 닳아있다. 넘어질 것 같다. 조심해서 올라가는데 웬 개들이 손님들을 환영할 생각은 않고 아침부터 길바닥에 팔자 좋게 드러누워 자고 있는지 정말 개팔자가 상팔자답다. 그들도 밤에 도둑을 지키느라 야간근무를 했던 탓이겠지. 보신탕으론 안성맞춤인 견공들을 피해 걷기조차 힘들 지경이다.

숨을 고르면서 언덕에 올라가니 아름다운 신전이 눈앞에 다가선다. 건물 둘레 160미터에 10미터 높이의 도리식 기둥이 46개가 빼곡히 서 있다. 너무나 도도해 차마 쳐다볼 수가 없다. 하얀 대리석의 맑고 깨끗한 기둥들의 모습이 화려하고 완벽에 가깝다. 2500년 전에 건축되었다고 믿기 어려울 정도다. 그저 탄성이 나올 뿐이다. 이런 신전이 터키군이 침입을 해 탄약고로 사용하다 폭발하여 지붕이 날아갔다니 가슴 아프다. 기둥만 서 있는 게 그 때문이다. 안타깝다. 그나마 남아 있던 건물의 벽면에 부착해 놓은 아테나신의 조각품마저 근세에 와서 영국이 도굴해 가고 그곳엔 가짜를 붙여 놓았다. 영국이 짝퉁의 원조가 아닌지 입맛이 씁쓸하다. 19세기 제국주의 국가들의 횡포와 약탈이 이곳인들 비켜갈 수가 있을까. 하기야 영국이 자랑하는 대

영박물관에 가보면 온통 남의 나라의 문화재들을 약탈해 놓은 걸 본다. 고대 그리스, 로마, 이집트 조상들의 죽은 미라까지 그들의 사냥감이었던 셈이다.

파르테논신전 언덕 아래에는 아고라가 있고 그 옆에 야외음악당이 거의 원형에 가깝게 보존되어 있다. 이곳에서 매년 여름에 음악공연이 있다는데 언젠가는 다시 와서 조수미와 정명훈의 공연을 보고 싶다. 로마가 경기장을 지을 때 그리스는 음악당을 지었으니 이 두 나라의 문화적 차이를 알 만하다. 그리스가 한 수 위의 문화 고장답다.

아크로폴리스신전은 볼수록 그 예술적 가치가 다시 눈에 들어온다. 유네스코 인류문화유산 제1호로 지정된 것을 알 것 같다. 역사적으로 보면 이집트의 피라미드가 3500년의 역사를 갖고 있지만 그것은 왕의 개인적 욕심을 충족시키기 위해 건축된 것이고 파르테논은 아테나신을 모시고 그리스인 후손들의 번영과 평화를 기원했다는 점에서 더 높은 평가를 받고 있다.

파르테논의 예술성, 건축기술, 정교성, 그 규모와 역사성을 생각하다가 나는 서쪽에서 불어오는 싸늘한 바람에 취해 잠시 벤치에 앉았다. 내가 미국유학 했을 때의 일이 문득 떠오른다. 박사학위 종합시험을 치렀던 「고대도시」 과목의 구술시험이 생각난다. 종합시험은 네 과목의 필기시험과 구술시험을 치르도록 되어있는데 다섯 명의 교수가 번갈아 질문을 한다. 교수들의 질문이 끝나자 지도교수가 마지막으로 내가 갖고 온 그림이 뭐냐고 물었다. 나는 그날 집에서 나올 때 혹시나 해서 그리스 고대도시 아크로폴리스와 아고라 그림도면을 두루마리로 갖고 간 것이 있었다. 의자 밑에 두었던 아크로폴리스와 아고라의 그림을 펼쳐 보이면서 설명을 멋지게 했던 기억이 난다.

그렇게 생각하니 아크로폴리스야말로 오늘의 나를 있게 한 작은 밀알이 아닐 수 없다. 그리스 시민보다 내가 더 아테나 신에게 고마워해야 할 판이다. 고대도시에 관해 흥미가 있어 진즉 이곳에 와 보고 싶었다. 그런 곳에 이제 내가 와 있다는 것이 믿기지 않는다. 이 순간을 얼마나 고대하고 기다렸던가. 인생황혼이 가까워서야 그 꿈이 이루어지다니. 더 오래 이곳에 머물고 싶지만 그럴 수 없다. 시간의 정지를 바란다. 이 때 누군가가 떠날 시간이 되었다고 한다. 나는 무거운 걸음을 돌려 다시 피레우스항으로 가야 한다. 크루즈를 타고 다음 행선지 로마로 가야 하기 때문이다.

나는 가끔 파르테논의 벅찬 감동이 생각 날 때마다 에게해를 여행하는 사람들은 행복하고 꿈과 현실이 구분되지 않는다고 했던 조르바의 외침이 생각난다. 조르바가 바로 나를 두고 한 말이 아닐까. 반세기나 지난 오늘날까지도 내가 그 두루마리 고대 그리스 도시의 그림을 보관하고 있는 것은 이런 잊지 못할 사연 때문이 아닐지 모른다.

사탕수수농장에 가다

중미의 과테말라는 마야의 나라다. 인구의 65%가 마야족이니 과테말라는 마야의 나라나 마찬가지다. 몇 해 전 멕시코 칸쿤에 가서 세계4대 불가사의의 하나인 마야족이 건설해 놓았던 웅장하고 화려한 신전과 무덤 그리고 피라미드를 보았던 기억이 난다. 그때의 감동을 잊지 않고 있는데 과테말라에서 그들의 후예를 다시 만난다니 가슴이 뛴다. 보통 행운이 아니다.

내가 타고 간 호화유람선 퀸즈 빅토리아호는 아침 일찍 과테말라의 뿌에르도 쾌젤(Puerto Quetzel)항에 닿았다. 이번 크루즈 여행에서 볼 육지관광은 동행한 임석중 박사와 사전에 선택을 하고 예약을 해 놓은 것이어서 일정상의 차질이나 어려움이 없었다. 선박회사에서 시키는 대로 시간대에 맞추어 1층에 내려가 있다가 그들을 따라 하선을 하면 육지안내가 우리를 마중한다.

2월 중순이지만 이곳은 열대기후라서 모두 반소매에 반바지로 다닌다. 오늘 사탕수수밭을 보기로 한 버스가 11시 40분에 오기로 되어 있다. 우리는 버스가 도착하기 전에 일찌감치 배에서 내려 항구 입구에 조성해 놓은 관광상품점에 들러 토산품을 미리 사기로 했다.

사탕수수잎으로 지붕을 둥글게 덮어 놓은 정글 막사 안은 지붕이 높아 시원하다. 마야 전통 악기로 연주를 해주어 이방인을 즐겁게 하고 있는데 이곳을 지나니 주변에 야자수가 우거진 가운데 야외전통시장이 있다. 규모가 아주 크다. 고유한 천연색 색동 치마저고리를 입고 관광객을 맞는 마야족들은 좀체 외국인에게 웃지를 않는다. 왜 미소를 짓지 않는 걸까. 마야 민족은 오랫동안 스페인과 유럽 백인으로부터 많은 박해를 받고 살아온 피해의식 때문인지도 모른다.

그렇지만 그들이 사용하고 있는 생활도구와 색동저고리, 검은 피부에 짤막한 키와 까만 머리, 길게 땋은 머리, 거기에 짧은 목, 길게 뻗은 매부리코 등을 종합해 보면 수만 년 전에 어쩌면 몽고에서 건너온 우리와 한 핏줄인지도 모른다는 생각이 든다. 그러고 보니 문득 그들에게 더 친밀감이 느껴진다.

마야족의 수공예품과 면직물은 눈을 잡아끄는 뛰어난 예술품이다. 옷, 가방, 머리끈, 허리띠, 숄 등 없는 게 없다. 모두가 원색의 형형색색을 섞어 발랄한 색감을 띠고 있고 그것은 꼭 우리의 어린이 색동저고리와 같다. 길거리 한 모퉁이에서는 어린 아이가 베틀에 올라 앉아 천연색 면직물을 직접 짜고 있는데 나는 오래전에 우리 할머니가 베를 짜던 모습을 보는 듯하다. 이 아름다운 수공예품을 그냥 지나갈 수가 없다.

유람선에서 내린 백인 여행객들은 시장통을 누비고 있어 인산인해다. 나도 그들의 틈에 끼어 가방, 혁대, 목공예품 등 몇 점을 샀다. 물론 그들에겐 정찰이 없다. 어느 정도의 에누리가 통한다. 마야족 엄마의 등에 업힌 어린아이는 그 까만 눈빛으로 아시아에서 온 여행객을 신기한 듯 보고 있다. 그 꼬마의 귀엽고 앙증맞은 강력한 눈빛을 아직도 잊을 수가 없다. 우리는 전생에 인연이 있었던 게 아닌가.

미스터 런치(Lunch)라는 40대 중반의 마야족 가이드는 차에 오르자마자 과테말라의 자랑을 늘어놓는다. 차가 이동하는 주변 농장에는 스프링쿨러가 연신 움직이면서 물을 뿌린다. 끝없이 펼쳐진 이 들판이 가난한 중미의 농장이라기보다는 캘리포니아의 어느 부자 농장 같아 보인다. 아니나 다를까 가이드는 이곳이 부농들 지주가 갖고 있는 농장이라고 한다. 과테말라의 중원 고지대는 유럽계 백인들의 별장이 많고, 태평양 쪽의 평야는 거의 이들 대지주가 소유하고 있다는 것이다. 빈부의 차는 어느 나라나 있게 마련이지만 이 나라의 모습은 마치 우리의 60년대의 '잘 살아 보세' 시대와 같이 성장동력이 꿈틀거리고 있는 분

과테말라의 중원 고지대는 유럽계 백인들의 별장이 많고, 태평양 쪽의 평야는 거의 이들 대지주가 소유하고 있다는 것이다. 빈부의 차는 어느 나라나 있게 마련이지만……

— 사탕수수농장에 가다

위기이다. 그렇지만 아직도 갈 길이 멀다. 인구의 40%가 문맹이라니 이를 어찌 극복할까 싶다.

미스터 런치는 우리를 고산지대 옛 스페인의 사탕수수농장으로 데려가고 갔다. 도로 양쪽에는 이미 추수가 끝난 사탕수수밭에서 새싹이 돋아나고 있다. 하와이 사탕수수밭에 노예노동자로 팔려가서 갖은 고생을 하며 핍박을 받은 우리 선조가 생각난다. 사탕수수밭에 가면 그들의 영혼을 만날 것만 같다. 멀지 않는 곳에 농장이 있을 듯하다.

스페인이 이 1800고지의 산 속에 별장을 짓고, 사탕수수농장을 건설했다니 그들의 식민지 정책의 수법이 놀랍다. 골목길이 좁아 이리저리 돌아서 겨우 철문이 달린 큰 저택에 닿았다. 우리 버스가 내려오는 길옆에 대규모 봉제공장이 있는데 안내자는 그것이 한국기업이라고 한다. 미국 백화점에 가보면 과테말라의 면제품들이 꽤 눈에 많이 띄는데 품질도 좋고 값도 만만찮다.

골목길을 돌아 닿은 곳이 옛 농장주의 별장이다. 사탕수수밭은 가까운 곳에 있고 그곳에서 수확한 사탕수수를 싣고 이곳 지주의 집에 와서 가공했던 것 같다. 옛부터 지주의 집에 갖고 와서 타작을 하는 게 미더웠을 것이니 이는 동・서가 다르지 않다. 집안 곳곳에 큰 창고가 있고, 사탕가공 공장은 이미 허물어진 채 굴뚝과 부엌 아궁이만 남아 있다. 그 엄청난 규모로 보아 부농이었음이 확실하다.

노동자들이 거처했던 방들과 교회건물도 남아있다. 거부답게 설계와 구조물이 호화롭다. 아래층에는 하인의 방과 주방, 식당, 거실, 화장실 등이 있고, 2층에는 주인이 쓰는 침실, 서재가 있다. 베란다는 햇볕을 차단하게 길게 늘여 놓고, 그곳에는 흔들의자 두 개를 두고 멀리 밖을 향하고 있어 공장가동을 감시할 수 있게 했다. 흔들의자에 앉아 있으려니 카이젤 수염을 기른 키 큰 뚱보 스페인 지주가 옆으로 다가올 것만 같다. 이 정도의 큰 농장을 가동하려면 그놈도 배짱이 두툼한 수전노였을 것이 틀림없었을 것이다.

의자에 앉아 이렇게 쓸데없는 상상을 하다 말고 고통받은 노예농자들을 생각해 본다.그들은 사탕수수밭에서 얼마나 혹사당했을까. 하이티 노동자들이 잡혀 와서 비좁은 숙소에서 일을 하다 쓰러져 자고 또 다음날 일어나 농장으로 가야 했으니 그 광경은 보나 마나 처참한 노예생활이나 다를 바 없었을 것이다. 달콤한 사탕을 맛보기는커녕 하루 10시간의 혹사로 감옥 같은 쓴 생활만을 맛보았을 뿐이다.

1903년 우리 선조들이 브로커에 속아 하와이로 사탕수수농장에 팔려갔던 노예노동자들의 생활을 연상해 보면 알 만하다. 호미자루도 한 번 잡아보지 못했던 아전들이 담배도 못 피우고 허리도 펴지 못한 채 혹사당했다. 허리를 들면 감독이 말을 타고 달려와 채찍이 몸에 작열했다. 소, 돼지 부리듯 당했고, 집이란 돼지나 소 마구간을 막은 방에 5~6명씩 수용을 했다. 마치 짐승과 마찬가지로 살았다. 고종은 그들이 밭 일구기, 종묘 심기, 물대기, 사탕수수배기, 운반, 수확 등에 피나는 노동을 혹사당한다는 소식을 듣고 눈물을 흘렸다고 한다.

별장 뒤뜰에서는 우리들을 위해 춤판을 벌였다. 백인들이 마야족과 어울려 춤을 춘다. 비브라폰이라고 하는 새로운 악기에서 울려 퍼지는 마야 노랫가락도 슬프게만 들린다. 수백 년 전에도 사탕수수를 수확해 놓은 다음 이렇게 춤을 추고 즐겼을까. 수확을 하고 나면 그간 고생한 노동자들을 위로하고 1년 수확을 축하하는 춤판이 벌어졌을 법하다.

하와이에서 혹사당한 우리 선조들의 모습이 겹쳐지면서 까닭 모를 슬픔이 밀려온다. 돌아서 나오니 발길이 무겁다. 마주 보고 선 앞산이 사탕수수밭에서 혹사당한 노예들의 신음소리를 기억이나 하랴.

과테말라의 사탕수수농장에 대한 나의 추억은 이렇게 쓸쓸하게 끝났다.

청령포의 슬픔

이광수가 「단종애사」를 쓰고, 셰익스피어는 「리차드 3세」를 썼다. 둘 다 왕권을 놓고 삼촌이 조카를 죽이고 권력을 탈취한 비정한 이야기를 그린 작품이다. 하나는 500년 전 이곳에서, 다른 하나는 1000년 전 영국에서 벌어졌던 피비린내 나는 사건이다. 동서양을 막론하고 권력은 비정한가 보다.

14세의 어린 단종이 삼촌에게 왕권을 뺏기고 쫓겨난 청령포로 가는 길이 무겁기만 하다. 참혹했던 역사의 현장이기 때문이다. 그곳을 본다는 게 가슴 설레기보다 아리다. 오늘따라 계곡은 굽이마다 오색으로 옷을 갈아입었건만 가슴 깊이 파고드는 슬픔은 가눌 길이 없다. 왕위에 올랐다가 2년 만에 흉측한 삼촌 수양대군에게 왕위를 빼앗기고 첩첩 산중으로 유배를 간 단종, 그는 끝내 사약을 받고 죽임을 당하고 만다. 불과 17세의 어린 나이다.

일찍이 세손으로 책봉되었을 때만 해도 단종은 조부 세종대왕으로부터 총명하다는 칭찬을 받아왔다. 아버지 문종은 워낙 병약했다. 그는 아들 단종을 걱정하여 김종서와 황보인 등에게 보필을 당부하고 재위 2년 만에 승하했다. 어린 단종의 비극은 여기서 싹튼다.

어질다고 소문난 세종대왕도 여색을 좋아했던지, 후궁에서 난 아들이 자그마치 18명이나 되었으니 그 많은 아들들을 그인들 면면을 다 알기나 했을까. 아들 많은 게 복이라지만 오히려 그에겐 화를 불러왔다. 그중에 수양대군은 음흉하고 권력야욕이 강하기로 소문이 나 있었다. 문종도 진즉 이를 걱정해서 충신들에게 아들의 보필을 다짐해 놓은 것이지만 권력욕이 목숨보다 강한 것은 그때나 지금이나 마찬가지인 모양이다. 수양대군도 이를 꿰뚫고 있는 만만찮은 묘략가다. 간신 한명회를 앞세워 세력을 확장하더니만, 김종서와 황보인을 차례로 죽이고 단종을 협박하여 자신을 영의정에 오르게 하더니만 끝내 조카 왕을 내쫓고 그 자리에 앉고 만다. 그러고 보니 한국 현대사에 와서 신군부가 12·12를 일으켜 정승화 세력을 제거하고 무능한 최규하 대통령을 협박하여 권력을 탈취한 전두환과 너무나 흡사하다.

삼촌이 조카를 죽인 것은 권력을 떠나 한 가정의 비극이요 패륜적인 사건이다. 단종을 노산군으로 강등을 시키더니 결국 사약을 내려 처참하게 죽이고 만다. 아마도 권력을 잡은 간신들이 후환을 두려워했기 때문일 것이다. 죽은 시체를 동강에 내팽개치고 간 것을 야음을 틈타 영월 호장 엄흥도가 몰래 문중 산에 암매장해 두고 그 자신은 처벌이 두려워 종적을 감추고 만다. 사약을 들고 갔던 금부도사 왕방연은 단종의 죽음을 이렇게 슬퍼하고 있다.

천만리 머나먼 길에 고운님 여의옵고
이 마음 둘 데 없어 냇가에 앉았으니
저 물도 내 안 같아야 울어 밤길 예놋다.

간신과 역신이 설쳐대도 충신은 있기 마련이다. 삼강오륜을 목숨처럼 여기던 선비들이 사리에 어긋나고 부도덕한 짓거리에 눈감고 있을 리가 없다. 천부당만부당한 삼촌의 패륜적 처사를 들고 일어난 조정의 신하들은 생죽음을 당하든가 능지처참을 당하든가 아니면 유배되어 삭탈관직 당하기도 했다. 이 판국에 조선 개국 때만 해도 이름을 날리던 집현전 학사들이 변절해 수양대군에 붙어 승진하고 권력중심부로 올라간다. 신숙주와 정인지 같은 선비도 수양대군에 아첨했다니 입맛이 쓰다. 신숙주는 단종비가 적몰되어 궁중의 하인으로 있는 것을 자기집 종으로 데려가려다 거절당하기도 했다고 한다. 매월당 김시습은 이것을 두고 '좋은 대가리를 좋지 않게 굴리는 것은 나쁜 대가리를 나쁘게 굴리는 것보다 더 흉악하다'고 했다.

출생하자마자 어머니를 여읜 단종은 계모로부터 따뜻한 사랑을 받을 리 없다. 모성애를 느낀 것은 그의 아내 송씨였다. 청령포에 유배되어 있으면서 그는 자신의 앞날을 예측할 수 없는 가운데서도 한양에 두고 온 아내를 그리며 애타게 사모한다. 그는 청령포 뒷산 층암절벽에 올라 돌을 모아 하나하나씩 쌓아 망향탑을 쌓기도 하고 아내가 그리우면 둘로 갈라진 소나무 가지 위에 올라 앉아 자신의 비참함을 한탄하기도 한다. 단종은 자기 스스로를 한탄하는 「자규사(子規詞)」를 읊기도 했다.

원통한 새가 되어 제궁(帝宮)을 나오니
외로운 그림자 산중에 홀로 섰네
밤마다 잠들려 해도 잠 못 이루어
어느 때 되어야 한이 다 할까
두견새 그치고 조각달은 밝은데
피눈물 흘러서 봄꽃이 붉구나
하늘도 저 애끓는 소리를 듣지 못 하는데
어찌하여 시름에 찬 내 귀에는 잘도 들리는가.

청령포는 동·남·북 삼면이 동강으로 둘러싸이고, 서쪽으로는 육육봉이라는 험준한 암벽이 솟아 있어 천혜의 요새로 소문나 배로만 육지와 연결된다. 때마침 늦가을 절기를 놓칠세라 이곳을 보려는 사람들로 나룻배전에는 북새통을 이루고 있다. 검푸른 소나무로 둘러싸인 적소가 적막하고 스산하기 그지없다. 하루만 있어도 도망치고 싶은 이 요새에서 아내의 사랑을 그리워했던 어린 단종은 차라리 일국의 왕이라기보다 갓 사랑에 눈을 뜬 새신랑이요, 고등학교 1년학생인 셈이다. 그의 흐느낌과 아우성으로 혼란스럽기만 하다.

어린 아들이 이 고생을 하는 걸 저세상에서 보고 있는 단종 어머니 문종비는 얼마나 가슴을 애였을까. 세종대왕 역시 손자가 이 꼴을 당하고 있다는 걸 안다면 얼마나 분노하실까. 핏덩어리를 두고 죽은 것만 해도 가슴이 아픈데, 시삼촌이란 자가 군신유의의 법도를 어기고 어린 조카를 이 첩첩산중에 가둬 놓았다가 사약을 먹여 죽이기까지 했으니 원망스럽고 저주스럽기 그지없을 것이다. 청령포를 보면서 못다 핀 한 어린 소년을, 한 많은 한 어머니를, 그리고 남편 때문에 죄없이 억울하게 죽음을 당한 한 어린 여인의 애처로움을 생각하게 된다. 청령포는 이 슬픔을 알기나 할까.

발길을 돌린다. 엄흥도가 암매장했다가 복원된 단종의 장능(莊陵)으로 가 본다. 조선시대 왕릉은 한양을 중심으로 100리 밖으로 못 나가도록 되어있는데 장릉은 좀 유별나다. 단종 유골을 한양으로 이장했을 법도 한데 오히려 아내 송씨를 이곳으로 옮겨 놓아 조선조 유일하게 지방에 있는 왕릉이 됐다. 산은 그리 높지 않아 쉬이 올라갈 수 있고 아담한 능선 위에 단종 내외가 나란히 누워있다. 두 분 다 사약을 마시고 비명에 죽은 아리따운 10대다. 권력이 이토록 잔인한가. 주위엔 검푸른 소나무가 세월의 티를 말해 준다.

장릉 바로 옆에는 단종복위를 둘러싸고 이래저래 희생당한 단종의 또 다른 삼촌 안평대군을 비롯 32인과 조수량을 비롯 충신 236인의 영혼을 위로하기 위해 만들어 놓은 배식단이 설치되어 있다. 이들은 모두 죽음을 무릅쓰고 단종을 위해 정의롭게 희생당한 사람들이다. 한 번 역적으로 몰리면 삼족을 멸한다는 당시의 살벌한 제도 속에서 어찌 여기에 오른 사람밖에 없으랴. 이름 모를 더 많은 이들이 연류되어 희생되었을 터이지만 후손들이 후환을 두려워해 모두가 자취를 감추었을 뿐이다.

권력 무상은 언제나 오게 마련이다. 세조는 피부병으로 재위 기간 고생하다 죽었다. 불가에서는 인과응보라고 한다.

한 가정을 몰살하고 주위를 풍비박산시킨 삼촌이 죽어 저승에 가서 조카를 어떤 얼굴로 만났을까 궁금하다. 조카가 복위되어 당당히 왕이 되었으니 비록 숙질간일지라도 한 나라의 법도로선 단종이 엄연히 상왕이다. 삼촌은 조카 앞에 무릎을 꿇고 머리를 숙여 자기가 저지른 죄를 속죄해야 했을 것이다. 이승에서 저지른 죄가 저승에 가서도 반듯이 죗값을 치른다는 우리의 믿음에서도 그렇다. 그래야만 한 가정의 비극과 그로 인해 죽은 수많은 영혼들이 평화롭게 잠들 수가 있지 않을까.

청령포에서 벌어진 비극이 이렇게라도 치유되어 원혼이 위로받기를 염원해 본다.

끝나지 않는 음모

세 발의 총성이 울렸다. AP통신은 전 세계에 'Three shots were fired at Dresident Kennedy s ′ motorcade in downtown, Dallas.'라고 짤막하게 타전했다. 미국 CBS 간판 앵커 워터 크랑카이트는 아내가 싸준 샌드위치 도시락을 열고 막 점심을 먹으려던 참이었다. 1963년 11월 22일 금요일 낮 12시 30분. 혜성처럼 나타나 온 세계의 젊은이에게 희망과 꿈을 안겨준 존 F 케네디 대통령은 오스왈드가 쏜 총알이 머리를 관통하면서 사망했다.

댈라스에서의 음모론은 여기서부터 시작된다. 케네디는 임기 3년째 되던 해 재선을 준비하기 위해 민주당모금 연설차 댈라스를 방문한다. 하지만 그곳이 부통령 LB 존슨의 고장이자 보수의 중심지나 마찬가지다. 진보파인 그에게는 내키지 않는 방문이다. 흑백 인종갈등의 소용돌이 속에서 북쪽 보스턴출신의 케네디는 인종차별을 없애는 정책을 과감히 시행했고 이에 남부 보수 세력은 케네디 정책에 반발했다. 이것을 아는 그로서는 이 위험한 소굴로 들어간 것은 운명이었다. 댈라스 방문은 존슨 부통령의 요청에 의해 간 것 역시 이 사건을 복잡하게 만들었다.

비행장에서 내려 오픈카에 올라선 케네디는 오찬 연설에 맞추어 댈라스시내 중심가의 '텍사스 교과서 창고' 건물 앞을 지나고 있었다. 창고 6층에서 기다리던 암살범 오스왈드는 망원렌즈가 달린 장총으로 세 발을 쐈다. 그중 첫발은 앞에 탄 댈라스 주지사에 맞고 두 번째가 케네디 머리를 스치고 세 번째가 케네디의 머리를 명중한 것이다. 아내 재키는 "오! 노,노." 하며 급히 몸을 던져 남편을 감쌌지만 케네디는 그 길로 병원으로 옮겨진 후 사망하고 말았다.

상황은 급박했다. 공군 1호기는 대통령의 시신을 싣고 워싱턴으로 긴급히 돌아가야 했다. 존슨 부통령은 이 와중에 대통령 취임에 선서하고 곧장 백악관으로 들어섰다. 세계는 그 당시 위기를 슬기롭게 이겨낸 미국국민에게 찬사를 아끼지 않았다. 비행 중 취임선서는 부통령 존슨이 우겨서 결정한 것이다.

저격수 오스왈드는 2시간 만에 체포되었다. 경찰은 그를 케네디 살인범으로 지목했다. 그는 신문장으로 가면서 결백을 주장했다. 이때 루비라는 나이트클럽 사장이 나타나 여러 사람이 지켜보는 앞에서 오스왈드를 권총으로 살해해 버린다. 언론은 케네디를 저격한 것에 대한 격분을 참지 못해 오스왈드를 살해한 것으로 보도했다. 그러나 루비 역시 그 후 감옥에서 의문의 병사를 하고 만다. 루비의 배후에는 나이트클럽 소유자 마피아가 있다는 것이다. 진짜 범인은 누구며, 그 동기는 무엇일까. 미국민의 70퍼센트가 배후가 있다고 믿는 이 사건은 아직도 미궁으로 남아 있다.

이 사건은 꼭 허리우드의 완전 범죄영화를 보는 듯하다. 누가 이 미스터리의 진실을 파낼 수가 있을까. 사랑방 노변야화 같은 음모설이 여기서 모락모락 새어나오기 시작한다. 오스왈드가 한때 공산주의에 심취해 구소련에 가 후르시초프를 만났다는 사실이 탄로 나면서 배후에 소련 후르시초프를 의심한다. 허나 단순계산법으로 보면 오스왈드를 조종한 배후는 루비일 것이고 루비를 배후에서 조종한 사람은 제3의 인물인 것이다. 결국 오스왈드와 루비는 '소모품'에 불과한 것이며 진짜 범인은 따로 있다는 이야기다 . LB 존슨 대통령은 이러한 루머에 휩싸이기 시작한다. 그도 그럴 것이 보수의 소굴인 적지에 케네디를 가자고 조른 이가 존슨이었고, 비행 중에 대통령취임 선서를 요구한 것 역시 그였다는 것이다. 이런 오해를 피할 수 없게 된 존슨은 결국 진범을 가리기 위해 워랜위원회를 출범시켜 조사를 했지만 그 보고서 역시 여러 가지의 추측만 열거해놓은 것뿐 진실을 가리지 못하고 있다. LB 존슨은 대통령 임기 4년을 채우고 은퇴하였으며 그 후 얼마 만에 심장마비로 사망하고 만다.

나는 이 영원한 미스터리, 풀리지 않는 음모의 현장을 보기 위해 추운 겨울에 댈라스를 찾았다. 그곳의 1월은 쌀쌀하다. 이른 일요일 아침임에도 불구하고 텍사스교과서 건물에는 이미 긴 줄이 서 있다. 문도 열기 전에 찾아온 관광객들은 거의 유럽에서 온 외국관광객인 듯 보였다. 붉은 벽돌 건물의 6층이 오스왈드가 케네디를 암살한 현장인데 현재는 케네디기념관(John F Kennedy Memorial)이다. 교과서를 보관하는 창고라는 선입견에 비해 산뜻하게 단장을 해 놓았다.

1층에서 표를 사서 엘리베이터를 타면 6층으로 곧장 올라간다. 당시의 각종 자료, 영상물, 시대 배경물 등을 전시해 놓았다. 철저히 분석된 자료들, 전시된 사진영상물, 전문사진사가 찍은 것과 통신기자, 아마추어사진사, 관광객, 무비카메라로 찍은 것 등 여러 앵글의 다른 장면이 수십 개나 전시되어 있다. 꼭 50년 전의 당시 긴박했던 순간을 다시 보는 것 같아 가슴 아프다. 이어폰을 들고 방을 돌면서 60년대를 회고해 본다. 미국은 당시 20대가 인구의 절반을 넘어 뉴제네레이션이라 불렀다. 미니스커트, 엘비스 프레슬리, 멀린 먼로, 엘리자베스 테일러, 제임스 딘 등 유행과 인기 스타에 열광했던 전후 베이비붐 세대들이다. 그런가 하면 월남전이 격화되면서 히피, 반전, 반분리주의 운동 등 시대적 격변기를 겪기도 했던 때다. 이런 시대상을 그대로 재현시켜 놓았다. 나도 이 시대를 지켜 본 한 증인이다. 이런 시기에 젊은 세대들로부터 케네디는 신화적 존재였다. 기대와 희망이 큰 만큼 그의 죽음에 대한 충격 역시 컸다. 세계는 비통했다.

기념관의 하이라이트는 역시 케네디 장례식 기록영화실이다. 수많은 이를 슬프게 한다. 영상물을 관람하던 중 여기저기서 훌쩍거리면서 눈물을 흘린다. 어린 아들 존이 아버지관을 운구하는 마차가 지나가자 거수경례를 하는 장면에서는 모두가 흐느끼는 듯하다. 존과 케롤라인 두 남매도 이미 50대에 접어들었고 케롤라인은 주일본 미국대사로 가 있다. 검은 망사를 쓰고 충격에서 벗어나지 못했던 재클린은 그후 그리스 선박왕 오나시스와 재혼했으나 불행하게도 이혼을 하고 그녀 역시 이미 세상을 떠났다. 세월이 많이도 흘렀다.

무거운 발을 돌려 오스왈드가 케네디를 저격한 장소에 간다. 유리창을 열고 총구를 내민 그 흔적을 보듯 생생히 재현시켜 놓았다. 6층 유리창 너머로 길거리를 내려다보니 도로 중간지점에 흰 페인트로 ×표시가 아득히 나타난다. 그 지점이 저격당한 장소다. 사람들은 그 ×표시 앞에서 묵념을 하고 사진도 찍는다.

기념관을 돌다보니 케네디의 평화봉사단(peace corps) 프로젝트가 눈에 띈다. 미국 젊은이에게 세계를 경험하게 해준 정책이다. 발을 멈춰 보니 한국에서의 평화봉사단 활동상이 생각난다. 당시 평화 봉사단원으로 충청도 모 여자중학교 영어교사로 온 여학생은 그 후 미 국무성으로 들어가 외교관으로 성장을 해 주한 미국대사로 부임하기도 했다. 역대대통령의 인기를 조사한 걸 보면 레이건 다음으로 케네디를 꼽는데 케네디의 위대성은 아직도 미국인들의 가슴 속에 고스란히 남아있는 듯하다.

댈라스에서의 음모설이 얼마나 더 나올지 모른다. 해마다 케네디가 저격당한 11월이 되면 이런 저런 색다른 암살음모설이 호사가들에 의해 '소설'로 쓰여지며 미국인의 호기심을 자극 하는 걸 본다. 이곳 출판계의 상술도 어지간하다는 느낌이 든다. 반세기가 지났으면 음모설도 잠잠할 때가 되지 않았을까 싶다.

LB 존슨 대통령을 비롯해 아버지 부시 대통령과 아들 부시 대통령의 기념관을 보고 남부의 중심이 텍사스임을 다시 한 번 실감한다. 영원히 끝나지 않는 댈라스의 음모 현장을 뒤로하고 나는 다음 행선지인 텍사스 카우보이의 본 고장 훌트 워즈(Fort Worth)의 소시장(stockyard)으로 자리를 옮겨야 한다.

그 스승에 그 제자

학교교육이 무너지고 있다는 걱정이 이만 저만이 아니다. 선생이 학생들로부터 매를 맞는가 하면 학부모에게도 봉변을 당하고 있다. 우리가 자랐을 때와 비교해보면 상상할 수 없다. 선생의 그림자도 밟지 않는다고 배운 세대들에겐 가히 충격적이다. 선생이란 자리는 아무도 해칠 수 없는 군사부(君師父)와 같은 존재였다.

그러나 이젠 군사부도 옛날과 생판 달라졌다. 선생의 위신도 추락됐고 세상도 많이 변했다. 선생은 있어도 스승은 없다는 이야기가 그래서 나온다. 선생은 가르치는 사람일 뿐이고, 스승으로 존경할 사람은 아니라는 것이다. 선생과 스승이 같을 수는 없을까.

내가 몸 담고 있던 대학에서도 선생이 수난을 당하긴 마찬가지다. 다만 방식이 하급학교와 다를 뿐이다. 신체적 가해를 하지 않는 대신 인격적인 모욕을 해서 치욕적으로 몰아간다. 벽에다 대자보를 붙여놓고 망신을 주든가, 당사자의 사진을 확대해서 학생들이 다니는 길거리와 강의실, 복도 등에 붙여놓고 밟고 다니게 한다. 얼마나 치욕적인가. 강의를 거부하는 것은 아주 초보적 단계다. 서로 감정이 격해지면 그렇게까지도 간다. 실력이 없다고 타박할 때도 있고 정권에 빌붙어 권력화된 선생을 추방시킬 때도 그렇게 한다. 한때 성(性)을 노리개로 외설 소설을 썼다 해서 연대 마광수를 교단에서 쫓아낼 때 그렇게 인신공격을 했다. 공산주의식 격하운동이나 다를 바 없다. 이쯤 되면 대학에서 선생은 있어도 스승이 없기는 마찬가지다.

그렇다고 훌륭한 제자와 스승이 없는 것은 아니다. 오늘날 우리에게 알려진 위대한 인물들은 모두 훌륭한 제자를 두었기에 빛을 받고 있다. 성인으로 추앙 받고 있는 예수와 석가모니 그리고 공자는 모두 훌륭한 제자를 두고 있었다. 38세의 젊은 나이로 십자가에 못 박혀 죽은 예수는 그 자신이 남긴 기록은 하나도 없다. 오늘날 수억 명이 영혼의 길잡이로 읽고 있는 성경은 예수가 죽고 난 후 제자 요한과 바울이 적어 기록으로 남겨 놓은 것이며, 공자의 사상이 집결되어 있는 「논어」 역시 자왈(子曰)로 시작하는 것은 공자께서 하신 말씀을 제자가 기록한 것이다. 안회와 자공이 없었더라면 오늘의 공자도 달라졌을 것 얼마나 치욕적인가. 강의를 거부하는 것은 아주 초보적 단계다. 서로 감정이 격해지면 그렇게까지도 간다. 실력이 없다고 타박할 때도 있고, 정권에 빌붙어 권력화된 선생을 추방시킬 때도 그렇게 한다.

—그 스승에 그 제자

이다. 불교의 경전도 석가모니가 생시에 했던 설법을 그가 죽고 난 뒤 그의 제자 아난다가 기록으로 남긴 것이다. 「금강경」에 보면 "나는 이렇게 들었다(如始我聞)"로 시작하는 게 그 때문이다.

스승과 제자의 관계가 두텁기는 소크라테스와 플라톤만한 게 없지 싶다. 가히 운명적이다. 길거리를 배회하면서 아테네 청년들과 횡설수설하며 떠돌아다니는 소크라테스는 아무도 거들떠보지 않는 정신병자로 알고 있었다. 동가식서가숙을 일삼았으니 글이나 저술이 있을 수 없다.

하지만 그를 오늘날의 위대한 철학자로 자리매김한 것은 플라톤이란 제자를 두었기 때문이다. 그는 소크라테스를 따라 아고라광장으로 가서 아테네시민들과 벌이는 토론을 지켜보았고, 스승이 젊은이를 타락시키고 다른 신을 믿었다는 역적죄로 몰려 재판을 받을 때 법정에서 그의 변론을 보았으며, 감옥에서 그의 절친한 친구 크리톤이 와서 탈출을 권유하나 끝까지 거부하고 '악법도 법이다'라는 말을 남기고 독배를 마신 후 죽는 것을 보면서, 스승이 아테네 독재권력에 아부하지 않고 끝까지 버텼던 그의 위대한 삶과 죽음을 기록으로 남겼다.

플라톤이 쓴 「변명」, 「크리톤」, 「향연」, 「파이톤」 등 네 권의 책에 소크라테스의 철학과 사상을 모두 담고 있다. 소크라테스는 글 한 자 남기지 않으면서 2000년이 넘도록 서양철학의 아버지로 평가받고 있는 것은 플라톤 덕이다. 이쯤 되면 플라톤이 없었더라면 소크라테스도 없었을 것이라는 말이 나올 법하다. 이쯤 되어야 그 스승에 그 제자라 할 수 있다.

솔직히 소크라테스만큼 제자 덕을 본 이는 없을 것이다. 사람도 아니고 짐승도 아닌 못 생긴 얼굴(半人半獸)에 텁수룩한 머리를 길러 거리를 헤맬 때면 꼭 가출한 홈리스(homeless)처럼 보였을 것이다. 자식을 셋이나 두었지만 가정생활은 엉망이었다. 아내 크산티페 혼자서 가솔을 책임지고 생활을 끌고 갔으니 그녀의 짜증스런 바가지가 어지간했던 모양이다. 그런 때문인지 소크라테스의 아내는 악처로 유명하다. 어느 여인이 그런 상황에서 악처가 되지 않을 수가 있을까. 남편의 무능은 도를 넘어서 어느 날 아내가 화가 나서 구정물을 퍼부었더니 소크라테스가 하는 말이 날이 우중충하더니 비가 오는구나로 대응을 했다는 일화가 있다.

소크라테스의 일생 중 가장 높이 평가 받는 것은 그의 친구 크리톤이 감옥에 면회 와서 탈옥을 권유했을 때 이를 거절하는 장면이다. 소크라테스가 탈옥을 했다면, 그리고 전제정권에 충성을 했다면 오늘의 소크라테스는 없었을 것이다. 그리고 그런 실망스런 스승을 플라톤이 기록으로 남기지도 않았을 것이다.

그 스승에 그 제자가 되려면 두말할 필요도 없이 스승 역시 스승다워야 한다. 그래야 존경을 받는다. 어쩌면 스승이 되기가 제자 되기보다 더 어렵다는 말이다.

오늘날 우리 주변에 스승다운 스승이 얼마나 있을까. 선생이 학생들로부터 괄시를 받는 현실을 개탄하기 전에 우리 스스로 참 스승이 얼마나 되는지 한번쯤 반성해 볼 필요가 있다. 평생을 대학에서 몸 담고 있다 나온 나 역시 단순히 가르치는 기능적인 선생이었을까, 아니면 기억에 남을 만한 스승이었을까, 조심스럽게 스스로를 되돌아보게 된다.

4.

나의 겨울 소나타

길다방

내가 사는 미국 동네에 '길다방'이 생겼다. 하고 많은 이름을 두고 왜 하필 길다방일까. 생김새로 보면 노천카페란 말이 맞지 싶다. 그러나 카페보다는 다방이 그들에겐 더 노스탤지어한 모양이다. 길다방은 역전이나 버스터미널 앞에 있어야 제격이며 길가는 나그네들이 차 한 잔 시켜 놓고 쉬어 가는 곳이기도 하다. 우리 동네 길다방은 간판이 없으니 어떻게 부른들 무슨 대수랴. 장미의 이름을 달리 바꾸어도 그 향기는 마찬가지다. 셰익스피어의 말이다.

날씨가 화창한 날이면 나는 가끔씩 길다방에 나간다. 날씨가 좋아야만 문을 열기 때문이다. 비가 오든가 추운 날이면 어김없이 휴점이다. 오전에만 장이 서고 주말은 물론 쉰다. 그렇다보니 길다방엔 단골손님이 있게 마련이다. 나 같은 이는 와도 그만 가도 그만이다. 그네들에겐 뜨내기에 속하지만 단골들은 하루만 서로 얼굴을 디밀지 않으면 모두들 궁금해 한다. 아들딸을 보러 갔을까, 아니면 여행을 떠난 것은 아닌지. 그러다가는 갑자기 밤사이 무슨 일이나 생기지 않았을까 방정맞게 걱정도 해본다. 모두가 실버에다 고령들이어서 밤새 안녕이 거짓말이 아니다. 틀니와 보청기가 필수품인 그들에게 환갑과 고희를 자랑하다가는 영계취급 받기가 십상이다.

길다방이 생긴 지는 그리 오래지 않다. 백인들이 모여 사는 남가주 해변가의 한 은퇴촌에 한국사람들이 하나 둘씩 들어오더니 리크리에이션 시설이 있는 클럽하우스 6동에서 이들이 만나 세상살이 이야기를 나눈 게 입소문을 탄 모양이다. 그렇게 해서 생긴 게 길다방이다. 간판도 없다. 야외 처마 밑 길가에 파라솔과 의자 몇 개가 전부다. 오다가다 들르면 된다. 길다방이란 이름도 그렇게 해서 생긴 것이다. 커피는 셀프서비스이며 레지도 마담도 없다. 다방이라면 여자 분냄새가 나야하는데 주인 없는 이곳 길다방엔 늙다리 나그네뿐이다. 하고 싶던 한국말로 마음껏 지껄여도 간섭하는 이 없는 광화문 네거리 같다.

우리나라에 다방이 들어온 것은 1902년 러시아인이 세운 정동의 손탁호텔의 다방이 처음이다. 그때만 해도 서양인들만의 전용공간이었다. 그 후 1933년 이상(李箱)이 다방 '제비'를 청진동에 열면서 본격적으로 문화공간으로서의 구실을 하게 이르렀다. 영화인, 문인, 화가, 연극인, 음악인들이 난상토론도 하고 작품활동을 하기도 했다. 당시 일본서 개화물을 먹은 인텔리겐치아들이 마땅히 활동할 곳이 없었을 때 다방은 신문명을 들고 나온 이들에겐 전시회며 출판회와 문학의 밤을 열 장소로 이용되기도 했다. 김유정이 「동백꽃」을 썼던 곳도 그곳이다.

파리에 있는 카페 되마고는 커피맛으로 유명한 게 아니다. 그곳엔 사르트르와 까뮈, 아라공 같은 20세기 문호들이 실존주의 철학을 논했던 곳이자, 피카소와 생텍쥐페리, 릴케, 헤밍웨이 등이 출근했던 장소여서 더 유명하다. 카뮈가 앉았다는 자리에 앉으면 그의 소설 「이방인」의 뫼르소가 되어 차 한 잔과 쿠키로 행복해진 듯하다. 직접 만나지 않아도 그들의 영혼과 체취로 교감이 이루어지는 것 같다. 다방은 그렇게 과거와 현제 속에 길손들의 영혼을 달래주는 곳이기도 하다

우리 다방도 어려웠던 시절엔 문화토론의 공간으로 행세했지만 한국전란 후에는 만남의 장소로 바뀌면서 상업적으로 전락하고 말았다. 이산가족과 실향민들이 만나 가족소식을 전해 듣고 눈물을 쏟기도 하고, 갈 곳 없는 고등실업자들의 대기 장소이기도 했다. 담배연기 자욱한 코너에서는 처녀 총각이 맞선을 보는가 하면 은밀한 구석에서는 젊은 연인들의 속삭임도 들을 수 있었다.

그러나 이젠 이런 애환을 간직한 다방이 사라져 없다. 서양

식 카페가 문을 열면서 젊은이들이 그리로 몰려가고 다방은 웅덩이 속의 송사리 떼처럼 갈 곳 없이 헤매는 늙은이만이 모이는 곳이 되고 말았다. 물 오른 레지는 돈을 찾아 떠나고 한물간 아지매들만이 치맛자락을 흔들며 손님을 잡고 있을 뿐이다. 목 좋던 대로변에서 쫓겨나 뒷골목의 컴컴한 지하로 밀려나는 수모를 당하기도 했다. 그나마 이젠 다방이 씨가 말라 간다.

이런 판국에 백인 은퇴촌 한복판에 한국 길다방이 생긴 것은 경이로운 일이 아닐 수 없다. 인생 유전의 늙다리가 단골이다. 그들은 모두 산전수전을 다 겪은 이민 1세들이다. 70년대부터 처자식을 거느리고 아메리칸 드림을 찾아 태평양을 건너온 파이오니어들이다. 지금 같아선 한국에서 다 한 자리할 사회계층인 한국전 참전용사를 비롯해서 의사, 간호사, 약사, 회계사, 교사 등으로 청춘을 불사르며 살아온 사람들이다. 개중엔 자영업을 하면서 자식들을 장하게 키워 조국을 빛낸 이들도 있다. 미국본토와 하와이에서, 그리고 멀리서는 남미와 서독에로 뿔뿔이 흩어지던 동포들이 이제 인생 마지막에 이곳 길 위에서 다시 만난 것이다. 옷깃만 스쳐도 인연이라는데 길다방은 그렇게 이산동포들을 다시 잇게 해준 만남의 광장임이 틀림없다. 모두가 한 가족이다. 한 다리 건너면 거짓말을 못하는 우리가 아닌가.

모두는 젊어서 세월의 욕망에 매이고 시간에 쫓기다 이젠 속절없이 떠밀려 낭떠러지의 삶에 매달려 있다. 무엇을 하고 살았는지 그 좋던 세월들이 손가락 사이로 새어버린 물처럼 흔적없이 사라져버렸다. 세월은 유년에는 기어가고 청년은 달려가다 노년엔 날아간다더니, 참으로 인생은 빠른 속도로 날아간 것 같다. 그렇지만 그들은 그런 억울한 내색이 없다.

사회심리학자에 의하면 열린 공간에서의 인간이 갇힌 공간에서의 인간보다 훨씬 더 개방적이고 솔직하다는 것이다. 그런 때문인지는 몰라도 이렇게 확 트인 개방된 노천 길다방에서 차 한 잔 앞에 놓고 모두들 담담하게 인생여로를 남김없이 되씹고 있는 게 보인다. 과거의 내가 뭐 그리 대단하랴 얼마 남지 않은 오늘이 더 행복해야지. 모두는 저만치 멀리 가버린 낯 설은 조국을 가슴에 안고 꿈을 키워준 미국을 새 조국으로 받아들이고 있는 듯하다.

날이 좋으니 그들을 만나러 길다방으로 나가 봐야겠다.

겨울 나그네

아침이면 일어나 창문을 열고 겨울 나그네를 기다린다. 그는 이 시간이면 어김없이 우리 집을 지나간다. 남가주 태평양을 끼고 있는 은퇴촌에 내가 사는 집은 평화롭다. 햇빛이 부서지는 아침이면 그 늙은 백인 나그네를 맞이하는 기쁨으로 잠을 깬다. 한 번도 만나본 적이 없으면서도 그 할아버지에게는 왠지 친근감이 든다. 할아버지가 지나가는 시간은 늘 같다.

아침 7시 30분. 이 추운 겨울에도 그 노인은 진한 하늘색 잠바를 걸치고 미 해군 모자를 쓴 채 걸어온다. 왼쪽 손에 긴 지팡이를 짚고 오른 손에는 사과를 쥐고 있다. 때로는 걸어오다 말고 우리 집 창문 앞에서 거침없이 사과를 한 입 깨문다. 그의 집이 어디쯤인지, 집에서 몇 시에 나왔는지 알 길이 없지만 손에 든 사과가 아직도 많이 남아 있는 걸로 봐서 집에서 방금

나온 듯 보인다. 그렇다면 그 겨울 나그네의 집은 그리 멀지 않은 듯하다. 그러나 그의 집을 모른다. 오직 이 시간에 그를 볼 뿐이다.

그는 왜 매일 아침에 사과를 먹으면서 걸을까. 아침 사과는 금이고 점심 사과는 은이며 저녁사과는 독이라고 한 어느 의사의 글이 생각난다. 사과를 먹으면서 걷는 걸 보면 그는 분명 아침식사를 마치고 산책 나온 듯하다. 노인이 매일 30분 이상의 걷기를 한다면 건강에 좋다니 그 할아버지야말로 그 나이에 건강관리를 잘 챙기는 편이다. 아침에 수없이 많은 이가 우리 집 앞을 그렇게 지나가지만 유독 그 할아버지만이 내 눈에 들어 온 것은 그의 사과나 해군 모자 때문만이 아니라 그가 짚고 있는 긴 지팡이 때문이다.

내가 일어나 창을 열면 첫눈에 들어오는 게 그 노인의 지팡이다. 그는 내가 만나는 하루의 첫 사람이다. 그가 걷는 걸 보면 나도 엔도르핀이 난다. 나의 하루는 그렇게 겨울 나그네와 함께 시작된다. 그로 인해 하루가 기쁘고, 내가 아직도 그를 더 볼 수 있다는 뿌듯함이 든다. 그가 한 없이 부럽다. 나는 아직 그 시간에 겨우 잠자리에서 일어났는데 그 늙은 나그네는 벌써 아침 식사를 마치고 후식을 즐기면서 걷고 있으니 말이다.

소로우는 모든 지성은 아침과 함께 깨어난다고 했다. 태양과 보조를 맞추어 탄력있고 힘찬 생각을 유지하는 사람에게 하루는 언제까지나 아침인 것이다. 구십세가 넘어 보이는 나이면 질병과 가난, 그리고 외로움을 피할 길이 없건만 겨울 나그네로부터는 늘 싱싱한 아침이 그와 함께할 뿐이다. 어느 때는 안개가 자욱이 유리창 앞을 매우고 있다가 아침 태양에 밀려 살금살금 숲 사이로 빠져나가고 있으면 겨울 나그네는 멀리서 유령처럼 다가온다.

창문을 열어 놓았는데도 그가 나타나지 않으면 나는 하루 종일 마음이 무겁다. 혹시 무슨 일이나 생기지 않았는지 걱정된다. 집을 모르니 찾을 길이 없다. 노인들은 밤새 모를 일이다. 하기야 우리 집 앞을 지나가면서 나에게 들러 인사를 나누던 한 한국노인이 몇 달 만에 내가 한국에서 돌아 와 보니 저승사자가 데려가 버렸다. 점차 염라대왕이 우리 주변에서 맴돌고 있다는 느낌이 목을 조이는 듯하다. 이럴 때 그 겨울 나그네의 모습이 그립고 장하게 다가온다.

어느 날 그날따라 나는 겨울 나그네를 자세히 보고 싶었다. 창 가까이 서서 그를 관찰하기 시작했다. 둥근 얼굴은 귀공자 같고 인자해 보였지만 두터운 선글라스를 낀 채 해군모자를 쓰고 다니는 걸로 봐서 제법 높은 자리의 권위가 묻어난다. 그 나이에 걸음걸이도 정확하다. 할머니는 계실까, 혼자 사는 할아버지일까, 자녀들은 몇이며 어떻게 살아가는 걸까. 혼자 상상을 하며 히치콕크의 스릴 작품을 연상해 본다. 그러다 말고 우리 증조할아버지가 지팡이를 짚고 오시는 모습이 환영처럼 다가온다. 도포자락을 잡고 옆에 따라가는 어린 증손자의 모습이 그리움처럼 또렷이 기억되고 있다. 겨울 나그네와 우리 할아버지는 그 모습이 하나로 겹친다. 상투와 갓 대신에 해군모자를 썼고 바지저고리 대신에 해군 블루진으로 갈아입었을 뿐이다. 그렇게 인자하신 할아버지가 해방 후 빨치산들의 습격을 받아 그 충격으로 돌아가셨다. 중학교 1학년생이 그 옆에서 한없이 눈물을 닦아냈다.

그런 저런 생각을 하다 말고 한참 만에 아침잠을 추슬러 깨운 후 옷을 갈아입고 식당으로 나와 앉는다. 겨울 나그네는 그동안 우리 동네를 한 바퀴 돌고 서쪽으로 걸어가는 모습이 멀리서 보인다. 걷는 게 꽤 힘이 들어 보인다. 짐작컨대 반시간을 훨씬 넘게 걸었으니 그럴 법도 하다. 그 나이에 아침 운동을 했으니 걸음걸이가 뒤뚱거리기도 하겠다. 나는 그제야 수저를 들고 아침을 시작한다.

이 추운 겨울이 지나고 새 봄이 오고, 여름과 가을이 지나 또 다른 겨울이 다가와도 그 겨울 나그네가 늘 그 자리를 걸어가고 있으면 좋겠다. 그렇게 오래도록 우리 집 앞을 지나가길 바란다. 그가 그렇게 겨울 안개를 헤치며 우리 집을 지나갈 때 내 삶도 겨울 나그네와 더불어 매일 기쁨으로 하루를 시작할 것만 같다. 그와 내가 둘이 아니라 하나인 듯하다. 두 몸에서 같이 숨을 쉬는 것 같다. 그를 본 순간 우리는 어쩌면 전생에 하나로 태어났을 것만 같다. 아니 우리 증조할아버지가 지팡이를 짚고 증손자를 찾아 이 먼 미국으로 환생하신지도 모른다.

언제까지 그 나그네를 볼 수가 있을까. 겨울 나그네가 창문에 비치지 않을 때면 나도 그와 더불어 이 겨울을 마감할지 모른다는 공포가 이내 나를 누른다. 아마도 그 겨울 나그네가 오 헨리의 「마지막 잎새」를 그려 놓은 늙은 화가 베어만으로 환생한 것은 아닐까.

부의 끝은 어딘가

해마다 연초가 되면 뉴욕의 심령술사의 집이 문전성시를 이루고 있다고 한다. 왜 그러느냐고? 놀랄 필요가 없다. 대부분이 부(富)를 축적한 사람들이 단골 고객이라니 보나 마나다. 온 세상이 금융위기로 경제가 어렵다고 할 때 그들인들 걱정이 없겠나. 부가 클수록 걱정도 많은 모양이다. 어쩌면 많이 가질수록 사람이 부를 통제하는 게 아니라 부가 사람을 통제하는 상황인 것 같다. 여기에 심령술사가 끼어들어 요령껏 돈벌이를 하니 좋은 세상이다.

과연 부의 끝은 어디인가. 어디까지가 부의 마지노선인가. 부의 끝은 아름다울 수도 있지만 비극으로 마감될 수도 있다. 마음먹기에 따라 극락과 지옥을 넘나들 수가 있다.

너나없이 연말연시가 되면 자기 자신을 한 번쯤 되돌아보게 된다. 지나온 시간들이 나이테만큼 보람 있게 살아 왔는지, 아니면 새해에는 또 어떤 삶을 살아가야 할 것인지를 생각하게 된다. 그러다가 한 순간 그냥 주저앉고 만다. 그게 일상이다. 삶을 돌아볼 만한 감동적인 이야기가 없기 때문이다.

그러나 올해는 다르다. 내가 사는 남가주의 어느 조그마한 해안도시에 우리의 삶을 감동케 하는 이야기가 있다. 은퇴한 한국 정신과 교수 한 분이 자기가 평생 몸 담았던 의과대학에 거액의 연구기금을 기탁했다는 소식이다. 40년 가까이 가꾸며 정들어 살던 집을 처분한 후 UC Davis 의과대학에다 문화정신학(cultural psychiatry)을 가르칠 교수요원을 채용하는 기금을 쾌척한 것이다. 그리고 그의 소장 장서마저 대학에 주었다. 미련없이 돌아선 그는 이제 이곳의 한 은퇴촌에서 노구를 의지할 조그마한 거처만 달랑 갖고 여생을 즐기고 있다.

화제의 주인공은 어려웠던 50년대 서울의대를 나와 아리조나 대학에서 장학금으로 박사학위를 받았다. 그때 만해도 몇 안 되는 행운아였을 것이다. 그 후 정신과 전문의가 되어 UC Davis에서 종신교수로 정년을 맞았으니 그가 이 사회에서 받은 은혜를 대학에다 환원해준다는 것이 그의 변이지만, 그렇게 흔히 볼 수 있는 일은 아니다.

흔히들 우리들 주위에서는 너나없이 은혜를 받기만하지 그것을 은혜로 인정하지 않으려는 이가 많다. 잘 되면 자기 덕이요,

잘못 된 것은 남에게 돌린다. 심지어는 은혜를 원수로 갚는 패륜아도 있다. 어떤 경우는 받은 혜택을 알고도 은혜를 갚을 줄 모르는 이도 있다. 김익창 교수의 멋진 행동을 보면 우리 스스로가 까닭 모를 부끄러움을 느낀다. 그것은 무엇 때문일까.

은혜를 되돌려 준다는 게 소탈한 취지 같지만 그렇지가 않다. 말이 쉽지 아무나 행동으로 옮길 수 있는 일이 아니다. 남편이 행동에 옮기려면 부인이 반대하고 아니면 자식들이 반대하는 경우가 있다. 어떻게 모은 부인가. 특히나 일제와 6·25를 경험한 빈곤과 보릿고개 세대라면 한 푼이 피 한 방울만큼이나 귀한 게 부다. 그런 부를 쾌척했다는 소식이 학회지에 나오자 옆에서 독지가가 그 기금에 또 헌금을 보탰다는 것이다. 산타가 따로 없다. 십시일반이 모두 산타가 된다. 구세군 종소리를 듣고 그냥 지나가지 못하고 헌금한 십시일반이 그런 것과 같지 않을까.

비우는 마음이 주위를 훈훈하게 만든다. 비워야 채워지는 법이다. 그 비운 자리에 이젠 칭송과 부러움이 가득 차 있다. 남을 위한 봉사는 이렇듯 고독하지가 않다.

"능금나무는 수많은 능금을 맺지만 정작 자기는 한 알도 먹지 못한다. 수저 역시 많은 음식을 날라다 주지만 맛있는 음식을 한 톨도 못 먹는다."

법구경에 나오는 말이다.

과연 평생 동안 축적한 부를 자기는 한 푼도 쓰지 않고 남을 위해 헌금할 이가 몇이나 될까. 청빈한 선비처럼 가난을 즐기기란 쉽지가 않다. 우리는 소유보다 삶이 중요하다는 걸 거기에서 배운다. 소유는 값질 수가 없지만 삶은 값질 수가 있다는 것도 가르쳐준다. 소유가 없다 보니 삶 속에서 존재가 차지하는 비중이 더 큼을 안다. 어쩌면 그간 물질만능주의에 얽매여 소유만을 추구하며 살아온 게 부끄럽기까지 하다.

일확천금을 거머쥔 졸부들은 그길로 라스베가스로 향한다고 하고, 로또에 당선된 이는 그날로 젊은 여자를 끼고 집을 나간다는 이야기가 심심찮게 들린다. 형제간에 싸우고, 부모와 틀어져 의마저 끊는 일도 없지 않다. 부가 원수가 돼버린 게다. 돈이란 벌기도 어렵지만 쓰는 것 역시 잘 써야 한다. 우리나라 졸부들이 감옥에 가는 것을 보면 그 부가 각종 불법, 탈법, 부정, 불의를 통해서 이루어진 것이나 마찬가지다. 성서에도 "부자는 천국에 가기 어려우며, 그들이 천국에 가는 것은 낙타가 바늘귀로 들어가는 것보다 더 어렵다"(마태목음 19장)고 했는데 이 말은 부자가 바늘구멍으로 들어가려면 부를 버리라는 것인데 그 부를 어디에다 쓰느냐가 중요하다. 소크라테스도 부자가 돈을 어떻게 쓰는 것을 보기 전에 부자를 칭찬하지 말라고 했다. 대개의 경우 우리는 부를 자식에게 물려주고, 그 부는 또 다시 손자에게로 대물림하라는 관습을 갖고 있는데 그렇게 하지 말고 부를 사회에 환원하라는 뜻일 것이다. 북한에서는 권력을 세습하고, 남쪽에서는 부를 세습하니 이것만으로도 우리가 한 핏줄인 것을 생각하니 시니컬하기 그지없다.

오늘의 경제위기도 따지고 보면 그런 월가의 부를 쫓는 노예들의 '탐욕과 음모'가 빚은 결과가 아니고 뭘까. 우리 모두가 희생양임에 틀림없다.

그렇지만 아직도 가슴을 따뜻하게 해주는 이웃이 있다는 걸 떠올리니 비관만 하지 않아도 좋을 듯하다. 그리고 어떻게 사는 것이 참 삶의 길인지도 보이는 듯하다.

뉴욕의 심령술사를 찾아가는 사람보다 마음을 비우고 이웃을 생각하는 사람이 더 많을수록 살기 좋은 사회가 될 듯하다. 어차피 빈손으로 왔다가 빈손으로 가는 게 인생이 아닌가. 그렇다면 부의 끝도 결국 비우는데 있지 않을까. 그래야 갈 때가 가볍다. 무거운 짐을 덜어 놓고 가자는 것이다. 가득 움켜쥐고 가다간 염라대왕에게 매 맞기 십상이다.

나는 김익창 교수를 생각하면서 그런 세속적인 삶에서 벗어나 영혼을 일깨워주는 이야기를 한 번 생각해 본다.

목소리가 복이다

목소리가 크면 크다고 타박을 받고 작으면 작다고 흉이다. 내가 사는 동네에 목소리가 크다는 이유로 왕따를 당하고 있는 사람이 있다. 정말 어처구가 없다. 목소리가 크고 작은 게 무슨 죄가 되나.

하루를 바쁘게 보내고 저녁 때 마을 공동 자꾸지에서 피로를 풀 때 보면 아는 사람끼리 뭔가 서로주고 받으며 이야기를 한다. 이때만큼 즐거울 때가 없다. 따뜻한 물이 공기수압을 받고 밀려 나오는 곳에 등을 대고 있으면 하루의 고단한 피로가 확 씻긴다. 그곳에서 등물 마사지를 해보지 않고는 그 쾌감을 모른다. 내가 사는 미국 은퇴촌의 수영장에는 한국사람을 비롯해 각 민족이 다 드나든다. 그러니 한국인이라고 해서 전혀 불이익을 받을 이유가 없다.

그러나 그게 아니다. 그 좁은 자꾸지 안에서 한국 사람들끼리 나누는 목소리가 백인들에게 거북스러울만치 컸던 모양이다. 사람의 목소리가 크다 보면 옆 사람에게 거부감이 생길 수가 있다. 그의 목소리가 한국사람 기준으로 좀 크다는 것뿐인데 한국말을 전혀 알아듣지 못하는 이들에게는 언어공해로 들리는 모양이다. 어느 나라 언어든 알아듣지 못하면 공해처럼 들린다. 일본인들은 소근소근거려 말을 하는지 모르지만 고개를 까다까닥거리면 뭔가 저네들끼리 말을 하는 걸 짐작한다. 그런데 중국인들은 정말 소란스럽다. 세 사람만 모여 지껄이는 소리는 꼭 호떡집에 불난 듯하다.

때로는 사람을 보지 않고서 목소리만 듣고 그 사람의 성격이나 연령과 교양, 직업까지를 짐작할 수가 있다. 목소리에 사람의 모든 것이 풍겨 나온다. 목소리 때문에 왕따를 당한다면 그 목소리를 가진 사람은 얼마나 당혹스러울까. 참으로 안타깝다. 때로는 백인 사회에서 소수민족으로 살다보면 말 못하게 쌓여 있는 한국인의 카타르시스를 큰소리로 속 시원히 씻어주기까지 할 때는 함께 앉았던 이들이 박장대소한다. 속 시원한 소리를 듣기 위해 늘 그 주위에 사람들이 모인다. 그럴 때가 즐겁다.

우리는 옛날부터 사람을 평가할 때 신언서판(身言書判)을 중요시해왔다. 사람의 됨됨이 그의 말을 통해 인격과 품위를 가름할 수가 있다. 너무 크게도, 그렇다고 너무 낮게도 아닌 상대에게 알맞은 톤으로 거부감 없이 또박또박 조리있게 말을 해야 한다. 이것은 상대를 생각해서 호감을 줄줄 알아야 한다는 뜻이다. 말소리도 마음에서 우러나는 소리와 몸에서 우러나는 소리가 다르기 때문에 마음에서 우러나오는 말을 해야한다.

루소는 마음에서 우러나는 소리는 부드럽고 맑고 깨끗하지만 육체에서 우러나는 소리는 거칠고 빡빡해서 무엇을 탐하는 느낌을 준다고 했다. 한때 아내가 남가주 리져월드 한인회 합창단의 일원으로 노래를 불렀는데 목소리에 이상이 생겨 이비인후과 닥터 리라는 한국계 의사에게 간 일이 있다. 그때 그분은 성대가 많이 닳았다는 것이다. 무슨 소리인가 했더니 마치 자동차 타이어가 오래 쓰고 나면 가장자리가 마모가 되는 것처럼 성대도 그렇게 닳았으니 노래를 그만 두라는 것이다. 너무나 충격적이었다. 아무리 마음에서 우러나는 아름다운 목소리를 내려해도 탁한 소리가 섞여 나오면 안된다. 이러다간 정말 루소의 말처럼 뭔가 탐하는 소리가 날까봐 걱정을 했고, 그 후 합창단도 물론 그만 두었다.

이쯤 되니 목소리 하나로 팔자를 고친 이가 부럽기까지 하다. 신이 내렸다는 소프라노 조수미가 이날 이때까지 외국 무대를 휩쓰는 것이 그녀의 아름다운 목소리 때문이며, 60~70년대 영화계의 인기스타였던 엄앵란과 신성일이라는 두 배우 역시 영화 속에서의 목소리가 유별나게 좋아서 그들이 나온 영화는 모두가 돈방석에 올랐었다. 알고 보면 두 사람은 제 목소리가 아니었다. 엄앵란의 목소리는 성우 고은정이 했고 경상도 출신의 신성일은 서울말씨의 성우 이창환이 맡아 했다. 고은정의 목소리는 간드러지고 아름다워 남자들이 듣고 있으면 가슴이 울렁거릴 정도다. 신성일은 성우 이창환이 박력있고 우렁찬 목소리가 남성다웠다. 그들이 오늘날까지 인기를 유지할 수 있었던 것은 그 반이 목소리를 잘 냈던 성우 덕이 아니었을까.

목소리가 얼마나 아름다우면 만해(萬海)는 「님의 침묵」에서 '향기로운 님의 말소리에 귀먹고 꽃다운 님의 얼굴에 눈이 멀었다'고 읊었을까. 이 나이에도 만해처럼 향기롭고 아름다운 목소리로 누가 나를 찾는다면 나도 아마 가슴이 뛸지 누가 알겠나.

누구는 목소리 하나로 팔자를 고치는데 어떤 이는 목소리가 크다는 이유로 왕따를 당하고 있으니 참으로 세상이 고르지 못하다. 세월을 잘 못 만났을 뿐이지 누구를 원망할 일이 아니다. 이제 와서 자기 목소리를 원망한들 뭣하겠나. 부모로부터 내려받은 유전적인 목소리일 뿐 누구의 탓도 아니다. 나는 어렸을 때 할아버지께서 내 목소리가 '지 애비를 닮았다'고 했었는데 나는 그때 어려서 무슨 뜻인지는 몰랐다. 이제 할아버지 나이가 되고 보니 내 손자 목소리가 지 애비를 닮았다고 하면 나는 기뻐서 손자놈을 안아줄 것 같다. 남자는 아버지의 목소리를 닮는 모양이다. 가끔 친구 집에 전화를 걸 때면 그쪽 수화기에서 들리는 목소리가 아버지를 꼭 닮은 아들을 대할 때가 있다. 당황스럽고 신기하기까지 했었다.

이날 이때까지 나는 주위로부터 내 목소리를 갖고 투정하는 걸 본 적이 없다. 얼마나 다행인가. 나처럼 평생을 교단에 섰던 사람이 목소리가 혐오스럽다든가 듣기 싫다는 평을 받지 않았다는 게 얼마나 다행인가. 만약 그런 평을 받았다면 나도 교단에 서지 못하고 쫓겨났을지도 모를 일이다. 실력이 있고 없고를 떠나 교단에서 밀려났다면, 오늘날처럼 훌륭한 제자를 두지 못했을 것이니, 내 목소리를 만들어주신 부모 조상에게 새삼 고맙기 그지없다. 이제 다시는 우리 주위에 목소리 때문에 왕따당하는 일은 없었으면 좋겠다.

숲에는 왜 가는가

을씨년스런 밤이다. 천둥 번개가 치더니 폭우가 창을 때리기 시작한다. 집 앞 아름드리 나뭇가지가 통째로 휘어지는 소리가 난다. 유령이 울기라도 하는지 마치 에밀리 브론테의 「폭풍의 언덕」 어디쯤에 와 있는 듯 으스스하다. 캘리포니아의 겨울은 꼭 이런 고비를 거처야 봄이 오는가 보다. 산고 끝에 옥동자를 보듯이 계절의 변화가 그만큼 값지다.

정원엔 봄철쭉이 만발하고 곳곳에 여름 오렌지가 탐스럽게 매달려있는가 하면 활엽수는 생을 마감하고 뒹굴고 있다. 그리 멀지 않은 곳에서는 겨울 스키를 즐긴다. 우리는 지금 절기 중 어디쯤 와 있는가. 봄인 듯도 하고 여름 같기도 하며, 가을인가 겨울인가 헷갈린다. 속된 말로 절기가 어정쩡하게 구렁이 담 넘어가듯 한다. 한국의 사계절에 익숙한 사람들에겐 이런 기후가 생경스럽고 솔직히 좀 황당하다. 이곳 사람들마저 계절 탓인지 맺고 끊는 맛이 별로 없다. 물론 나 혼자만의 편견인지 모르지만 말이다.

나는 이럴 때 숲을 찾아 나선다. 숲속을 걷고 싶어서다. 뜻이 있으면 길이 있다는데 그 길 위에서 생각을 추스르며 삶에 지친 영혼과 육신을 달래고 싶다. 숲은 우리에게 많은 것을 가르쳐 준다. 마음먹기에 따라 누우면 코 닿는 곳에 원시림 숲이 지천이다. 깊은 숲 속엔 태곳적부터 불던 영원한 바람이 있고 영락없이 계곡이 있고 물이 흐른다. 바다 같은 호수가 있는가 하면 은자처럼 숨어 있는 소(沼)도 있다. 그 푸르름은 선비의 고고함의 경지를 은유한다. 물이 흘러 바다로 가기까지 나무를 키워 숲을 만들고 꽃을 키운다. 너와 나는 물로 자란다. 최고의 선은 물과 같다(上善若水)라는 노자의 도덕경의 말처럼 물은 온갖 더러운 것을 다 받아들이고, 바위가 막아도 싫은 내색도 없이 돌아간다. 냇물도 빗물도 다 받아주니 이만하면 어디 물 만한 게 또 어디 있을까.

숲이 나는 좋다. 숲속을 거닐다 보면 웅크리고 서 있는 나목이 아주 오래된 친구처럼 다가온다. 그들은 서로 마주보고 서서 팔을 벌려 껴안고 사랑의 온기를 나누고 있는 듯하다. 벌레들이 겨울잠을 자고 나무뿌리들이 다가오는 봄을 준비하고 있다. 그들은 새로운 꿈을 꾸고 있을 것이다. 봄에는 어떤 꽃을 피우고 여름에는 얼마나 울창한 숲을 만들 것인지 밤잠을 설치며 꿈을 꾸고 있을 것이다. 나도 그런 꿈속에서 걷고 있다. 가슴이 아릿해 온다. 아마 그 숲 속에 내 인생이 숨어있기라도 한 게 아닐까. 숲길에는 꼭 시작과 끝이 있다. 그곳엔 오르막이 있는가 하면 내리막도 있다. 숲속에 내가 갖고 간 스트레스와 갈등, 오만과 편견 그리고 집착을 모두 벗어 둔다. 그리고 기쁨과 휴식, 삶과 깨달음과 꿈을 갖고 온다.

윤종석은 시 「숲」에서는 이렇게 읊고 있다.

거기 낙원이 있네
열망의 소리가 있네
거긴 과거가 잠들어 있고
숲은 삶의 보금자리
고요를 안고 상상과 적막이 누워있는
그 숲으로 가리…
그대여, 숲에 가면
일상의 지겨웠던 일들도
안개마냥 사라지니
우리 오손도손 손 잡고
숲으로 가세.

루소는 '걸을 때만 명상에 잠길 수 있고, 걸음을 멈추면 생각을 멈춘다'고 했다. 맞는 말이다. 나도 가끔씩 걸으면서 집을 몇 채나 짓고 뜯고 한다. 생각을 멀리 두었다가 가까이 끌어들이기를 자유자재로 한다. 누가 탓할 것도 볼 것도 없다. 본다고 내 속마음을 볼 수도 없다. 한때 서울 근교에 전원주택을 짓고 살 적에는 마을길을 돌면서 내가 몸 담고 있는 대학에서 퇴임을 하면 무엇으로 소일을 할 것이며 고향에 있는 고택은 어떻게 수리할 것인가를 수없이 궁리했었다. 지금 생각해 보면 모두가 그때 걸으면서 꿈꾸었던 대로 이루어진 셈이다.

나는 동네 길보다 숲길을 더 좋아한다. 그곳은 맨땅이기 때문이다. 시멘트로 포장된 길은 화장한 여인 같아 뭔가를 숨기고 있는 것 같고 자연의 숨통을 막아 놓았기 때문이다. 맨얼굴이 더 순수하고 자연 그대로다. 걷다가 편안한 자리가 있으면 앉아 하염없이 맑은 하늘을 쳐다본다. 몇 시간이고 하루 종일이고 그렇게 앉아 자연을 벗 삼고 싶다. 정녕 숲길은 나를 자연으로 돌려준다.

숲길은 아늑하다. 직선이 아니고 굴곡이다. 걷다보면 낯익은 야생화가 나를 반긴다. 실개천도 만나고 개구리, 오리, 다람쥐와 새들도 만난다. 토끼들은 겁없이 내 앞을 가로막는다. 분명 어딘가에 도토리나무가 있을 법하다. 어떤 이는 도토리나무를 상수리나무라고도 부른다.

어릴 때 고향 우물가에는 다람쥐가 도토리를 물고 와서 물을 먹고 놀았다. 우물 언덕배기에 아름드리 늙은 도토리나무가 있었기 때문이다. 선조가 임란을 피해 의주로 몽진(피난)을 갔을 때 먹을 양식이 없어 백성들이 도토리묵을 쑤어 수라상에 올렸던 일이 있었다. 그로부터 도토리나무는 임금님을 구해 주었다고 해서 '상수리나무'로 불리게 되었다고 하니 믿거나 말거나 나무도 사람처럼 운을 잘 타고 나야 출세도 하고 대접도 받는 모양이다.

숲길을 가다 보면 밟고 간 발자국을 만난다. 그 발길을 따라 가다 보면 앞사람이 궁금해진다. 그의 뒷모습을 보기라도 한다. 일찍이 자기 발자국을 조심하라고 일렀던 선현들이 생각난다. 우리가 남긴 발자취가 뒤따르는 사람들에게 이정표가 될 수가 있기 때문이다. 올바른 발자국엔 많은 이가 뒤따른다. 독일 하이델베르그에는 '철학자의 길'이란 평범한 오솔길이 있다. 괴테부터 헤겔, 야스퍼스, 베버까지 그곳에 살았던 사상가들이 그 길을 걸었다. 이제 수많은 사람들이 그 길을 걸으면서 그들의 숨결을 더듬고 있다. 칸트도 매일 같은 시간에 걸었던 산책길이 있다. 칸트가 걸으면 정오 12시다. 동네 사람들에겐 시계가 필요없다. 제자와 스승이 함께 걸으면서 대화하고 깨달을 때는 더없이 멋지다. 고대 그리스엔 그런 전통을 소요학파라고 불렀다.

숲을 걸으면서 명상에 잠길 때가 제일 좋다. 내 허상을 벗고 참 나를 깨닫는 순간이다. 감도 그냥 먹으면 단감, 서리를 맞히면 홍시, 껍질을 벗기면 곶감이 된다. 한 단계씩 껍질을 벗길 때마다 맛이 다르다. 나는 지금 어디쯤에 와 있을까. 온갖 풍상과 서리를 맞고 살아남은 것을 보면 곶감까지는 가야할 것 같다. 그러나 나는 아직도 이 속진에서 한 발자국도 벗어나지 못한 아둔한 늙은이에 불과하다. 내가 숲 속을 걷는 것은 내 속의 설익은 감이 껍질을 벗고 곶감으로 태어나기 위한 나만의 처연함 때문이다.

나는 오늘도 숲으로 간다. 거기 고요를 안고 적막하게 누워 있는, 나무들이 귓속말로 속삭이는 곳에서 내 안의 사랑과 평화의 꿈을 찾고 싶다.

나의 겨울 소나타

찬바람이 귀를 에는 바닷가를 거닐다 보면 그해 겨울의 따뜻했던 추억 한 개가 떠오른다. 나는 대학 3학년을 마치고 책과 이불, 입던 옷가지들을 고향으로 보낸 후 무거운 마음으로 야간 화물열차칸에 몸을 실었다. 행선지가 어딘지도 모른 채 그냥 실렸다하는 게 맞다. 주먹밥을 얻어먹고 초라한 돌골로 공포와 추위에 떨며 밤을 지샜다. 일재 소학교 때 먹어보고 처음이다. 6·25 북새통에서 피난민들의 모습이 이러했지 않았을까 싶다. 거리에는 크리스마스 캐럴이 울려 퍼지고 연인들은 팔짱을 끼고 명동거리를 행복한 듯 거닐고 있었다. 비록 포성은 멈추고 휴전이 되었지만 지푸라기 하나 잡을 곳 없는 암울했던 젊은이들도 이때만은 달랐던 같다. 우리가 탄 화물칸에는 서울 장안에서 입대하는 내로라하는 깡패들이 점령군처럼 설쳐대며 패싸움이 끊이지 않았다. 밤새 가다 보면 무슨 결판이 나겠지만 어쨌든 아수라장이었다. 다들 주먹깨나 쓰는 해병대 지원병이다. 겁에 질렸다. 촌닭처럼 구석에 웅크리고 앉은 놈들만 용케도 골라 금품을 갈취하고, 폭력을 휘둘렀고 가끔씩은 인솔 헌병들이 들락거리며 매서운 눈초리로 호각을 불어대어서 겁에 질린 놈들을 더욱 공포분위기로 몰고 갔다.

한마디로 내가 해병대에 입대할 때의 분위기가 이랬다. 아버지가 실직을 하고 나니 내 유학의 꿈이 멀어지는 듯했다. 그 참에 핑계 삼아 군대만이라도 필하고 나면 유학의 꿈이 한 걸음 더 가까워질 것 같았다. 어머니는 서울에서 보낸 내 검정무명이불과 물들여 때에 절은 군 작업복을 껴안고 한없이 우셨다. 부모 입장에서 보면 그도 그럴 것이 남의 자식은 병역을 요리조리 용케도 잘 피해가는 데 빽도 힘도 없는 내 자식은 제 발로 걸어 들어갔으니 가슴이 찢어졌을 것이고 무능한 아버지를 원망했을 것이다. 휴전 후 그때만 해도 군에 가는 것이 죽으로 가는 것만큼이나 무서웠던 시절이니 돈 있고 소위 빽깨나 있는 '자유당' 아이들은 뒷구멍을 찾아 다 도망가고 허접한 사골 놈들만 끌려간다고 생각했었다. 나는 생각이 달랐다. 아버지가 실직했을 때가 군입대의 적기라고 여겼다. 다만 지원을 한다는 게 번지수를 잘못 짚었을 뿐이다. 생판 이름도 성도 설은 해병대에 걸려든 것이다. 용산역에서 인솔하는 군인이 해병대인 것을 알고 눈치를 챈 아이들은 도망을 쳤지만 나는 도망갈 생각은 없었다. 오히려 어떤 군대인지 한 번 당해보고 싶은 호기심과 오기가 생겼다.

그해 겨울은 유난히도 추웠다. 진해 해병막사는 바닷가에 있었다. 갈매기는 처량하게 울어대고 칼바람은 날카롭고 매서웠다. 나 같은 놈들만이 이 겨울이 견디기 어려웠던 것만은 아닌 듯했다. 서울에서 날고 긴다는 놈들도 모두 추위에는 장사가 없는 모양이다. 허기진 배를 움켜지고 잠자는 것만이 유일한 낙이다. 밤에 보초를 서다가 바닷가에서 용변을 볼라치면 어느 놈이 용케도 모자를 낚아채 버린다. 정말 순간적이다. 5분간의 번개 샤워(?)란 걸 하고 나오면 이번에는 어느 놈이 팬티를 훔쳐가 버린다. 팬티 없이 걸어 나오다 보면 늦었다고 몽둥이가 날아든다. 팬티 없이 훈련을 받을 수 있어도 모자 없이 훈련 받는다는 것은 상상할 수가 없다. 남의 것을 훔치거나, 주먹질 한 번 해 보지 못하고 자란 내가 이처럼 험한 꼴을 당하고 보니 기가 찼다. 귀신 잡는 해병대가 아니라 사람 잡는 해병대란 생각이 든다. 동물들은 환경에 지배를 받는 모양이다. 이런 상황에서는 적자생존만이 있을 뿐이다. 이런 짓거리가 50년대 어디 해병대만 극한된 이야기겠는가.

변소란 곳은 바닷가에 잇대어 있어서 변이 떨어지면 그대로 파도에 쓸려 바다로 빨려간다. 자연을 이용한 돈 안 드는 수세식 화장실이 이만한 게 또 어디 있을까. 물론 그 당시 해양오염이라는 말은 호랑이 담배 피울 때 이야기였으니까 누가 상관하랴. 변을 보더라도 모자를 움켜쥐고 앉아야지 그렇지 않고서는 꼼짝없이 또 당한다. 우리 소대에 신병 한 놈이 총을 잃어버렸다. 어느 놈이 훔쳐간 것이다. 신병소대장이란 놈이 다가와서 내가 찾아 줄 터이니 거금을 내라고 했다. 그 소대원은 울며 주머니 비상금을 몽땅 털리고 총을 찾았다. 나중에 알고 보니 그 깡패 놈이 종로 뒷골목에서 하던 수법으로 동료의 총을 감춘 것이다. 훈련소 안에서도 비밀이 없는 법인지 그 사실이 들통나 그 놈은 기간소대장으로부터 엄청나게 얻어맞고 신병소대장을 그만 두게 되었다.

그날따라 달빛은 교교하게 빛나고 갈매기들은 훈련에 지친 신병들을 위로나 하는 듯했다. 바닷바람이 피부에 닿는 게 싫지 않았다. 봄은 그래도 오고 있는 모양이다. 아직 신병훈련도 갈 길이 멀다. 이 사건을 어떻게 수습할건가. 신병동료들이 모여 쑥덕공론을 하기 시작했다. 그동안 서울 깡패들이 워낙 많은 원성을 샀던 터라 완력에 의한 소대장만은 안 된다는 기류가 돌았다. 기간소대장은 우리 더러 투표를 하도록 했다. 아마도 그런 분위기를 감지한 듯하다. 투표결과는 의외였다. 내가 전원일치로 신병소대장으로 뽑힌 것이다. YS말처럼 문민소대장이 된 것이다. 가문의 영광(?)이기엔 너무 벅차다. 3개월 신병훈련 기간 중 겨우 한 달을 채웠으니 앞으로 2개월이 더 남아 걱정이 앞섰다. 30여 명의 남의 귀한 자식을 내 형제처럼 돌보아 무사히 훈련을 마쳐야 할 무거운 책임을 진다니 그만한 책임과 권한을 가져본 일이 없는 나로서는 졸지에 당황했다. 벼랑 끝에 지푸라기라도 잡고 싶은 심정이었다.

세월이 약인 모양이다. 그 후 2개월의 신병훈련을 무사히 끝냈다. 그 전에는 가끔 도망가든가, 자살하는 놈도 있었다는데 우리 소대에는 한 명도 낙오가 없었고 도망간 이도 없었다. 정말 다행이었다. 우리는 부대 배치를 받기 전에 3개월 동안 훈련 받은 전과목에 걸쳐 종합시험을 치려야 했다. 10등 안에 들면 본인이 원하는 부서에 보내준다는 달콤한 유혹도 싫지 않았다. 모두는 최선을 다했다. 나는 운이 좋았다. 350여 명의 신병 가운데서 6등을 했고 내가 원했던 서울 용산에 있는 해병대 사령부에 배치되었다. 신병들은 거의 백령도로 배치를 받아 북한군과 대치해 NLL를 지키는 고된 임무를 맡아야 했다. 우리들은 함께 눈물을 흘리고 헤어졌다. 언제 다시 볼 수 있을까 기약 없이 손을 놓고 돌아섰다.

해병대 사령부에 근무한 지 얼마 되지 않아 대학생은 1년 반 만에 제대를 시킨다는 기쁜 소식이 전해 왔다. 전화위복이란 말이 이보다 더 적절한 경우가 어디 있을까. 나는 재학증명서를 제출하고 1년 반 만에 군복을 벗었다. 그리고 대학을 졸업하고 미국으로 건너가 학위를 받아 대학에서 교수로 정년을 했다.

세월이 많이 흘렀다. 이날 이때까지 팔십 고갯길을 걸어오면서 까맣게 잊고 있었다. 추운 바닷가에 서면 그때 20대 초반에 한 막사에서 동고동락했던 해병들이 생각난다. 그들은 지금 어디서 무엇을 하고 있을까 궁금하다. 모두가 저녁노을에 걸린 이빨 빠진 해병일 테지. 이제는 귀신 잡는 해병이 아니라 귀신에게 잡혀 갈 해병이 되었을지도 모른다. 비록 귀신을 못 잡더라도 염라대왕에게 붙들려가지 않았으면 좋겠다. 얼굴에는 저승사자 버섯을 달고서도 그때의 그 어린 미소만은 잃지 않았으면 한다. 그 얼굴을 다시 보고 싶다. 칼바람이 살을 에고 출렁이는 파도소리를 듣고 있으면 그해 겨울 교교한 달빛 아래 그들의 정다운 목소리가 들려오는 듯하다. 왠지 울컥 목이 멘다. 바닷가에 잇댄 수세식 변소에 웅크리고 앉았을 그들이 실루엣처럼 다가온다. 이제는 팬티도, 모자도, 총도, 잊어버릴 걱정 없으니 얼마나 편할까.

'한 번 해병이면 영원한 해병이다'라는 말이 이것을 두고 하는 게 아닌가.

개들의 입양날

미국사람들은 개들을 어떻게 입양할까. 어느 토요일 아침에 그 궁금증이 풀렸다. 그날 운 좋게 해변가 공원에서 애완견 입양축제가 열렸다. 온갖 색색의 깃발이 나부끼는 공원에는 반바지에 짧은 윗도리만 걸친 백인들로 성황을 이루고 있었다. 우리는 그날따라 태평양 해변가 조그마한 식당으로 아침식사를 하러 가는 길이었다. 가는 날이 장날이라더니 그날이 미국인들이 개를 입양하는 날이다. 약간 흥분이 되었다. 한국서는 개를 갖고 싶으면 입양할 필요없다. 장날 개시장에 가서 돈 주고 예쁜 걸 한 마리 골라오면 된다. 성남 모란개시장이 가장 붐빈다. 그곳에 가면 애완견, 발바리, 셰퍼드, 순종, 잡종 진돗개, 똥개, 황구, 백구 등을 골라잡을 수가 있다.

개입양 구경을 뒤로하고 우선 아침식사부터 해결하기 위해 호젓한 식당으로 들어갔다. 식구들의 눈치를 보니 마음은 이미 콩밭에 가 있다. 서둘러 계산을 마치고 발걸음을 공원으로 향했다. 사람들이 이미 많이 붐비고 있고 가설무대에서는 재즈 생음악이 축제분위기를 돋우고 있다. 은빛 파도가 밀려오고 따뜻한 해풍이 적당히 불어오는 공원에는 수십 개의 부스가 설치되어 있고, 그곳에는 개들이 좋아하는 간식거리며, 생리용품, 치장도구와 애완견에 관한 책들 등등 온갖 기호품들을 전시판매하고 있다. 사람 수 만큼 모여든 개들은 하나 같이 처음 만나서도 서로 기뻐하고, 좋아하며, 비비고 핥고 뒹굴며 논다. 초면에 어찌 이토록 서로 배려하고 친구로 사귈 수가 있을까. 우리 같으면 서로 물어뜯고 싸우고 으르렁거려, 힘센 놈이 천하를 평정하기까지는 조용할 날이 없는 '개판'이 벌어질 것이고 종국에 가서는 싸움에 진 놈들은 꼬리를 내리고 구석에 숨기 마련이다. 미국개들은 애완견으로 길러서 사람처럼 행동하고 어떤 경우는 사람보다 더 훌륭하다는 게 사실인 듯하다.

인간들이 개들의 입양날을 이처럼 개축제로 즐기는 것도 다 이해할 만하다. 새 식구를 맞이하는 날이기 때문이다. 개로서도 새 주인을 맞는 날이니 새신부가 간택되는 것처럼 불안하면서도 가슴 뛰는 기쁜 날이고 주인 역시 새 식구를 맞아들이니 흥분할 수밖에 없겠지. 개를 '개' 취급하는 사람들에게는 이 광경이 쉽게 다가서지 않는다. 동서간의 문화의 차이이기도 하다.

하지만 요즘 한국에는 젊은이들 사이에 애완견을 기르는 인구가 늘고 있어서 문화의 벽이 허물어지고 있는 것이 사실이다. 세계가 한 '지구촌 문화'로 만들어져 가고 있는 이때 유독 우리만이 애완견을 종래의 농경시대의 관습대로 '개' 취급해서야 되겠는가. 당연히 개들도 애완견 취급을 받아야 되겠다.

도대체 애완견과 개들의 차이는 뭘까. 재미나는 일화가 있다. 고건 전 국무총리가 서울 민선시장으로 있을 때의 일이 생각난다. 우리는 그때 매주 토요일 점심을 함께했다. 민원심의위원의 한 사람으로 있으면서 오전에 안건을 심의하고 끝나면 오찬을 했는데 하루는 그분이 미8군사령관의 예방을 받은 자리에서 개와 애완견의 차이를 설명해 주었다고 한다. 즉 개(dog)는 마당에서 키워서 여름에 보신용으로 먹는 것이고 애완견(pet)은 방안에서 사람과 함께한 식구로 기르는 것이라고 했다. 개도 개나름이란 의미이다. 한국인이 먹는 개는 dog이고 pet은 애완견이니 먹지 않는다는 것이다. 어찌 보면 그 구분은 당시 외국인에게 빚어진 우리나라의 보신탕 시비를 잠재우는 아주 궁색한 변명같지만 달리 설명을 할 수가 없다. 애완견을 개 취급해서도 안되고 개를 또한 애완견으로 다룰 수도 없으니 보신용 황구는 개취급을 해도 시비 거는 사람이 없다는 뜻이다.

애완견은 다시 말해서 인간과 동등의 위치에 있다. 인간에게 인권이 있듯이 애완견에도 동물애호권리가 있고, 인간과 마찬가지로 저네들만이 먹는 음식(dog food)이 있고 여행할 때 머물 수 있는 호텔(pet hotel)이 있고, 호텔에서 마사지를 받으면서 손톱 발톱을 예쁘게 하고, 미장원에 가서 머리와 몸치장도 한다. 성형 수술도 하며, 죽으면 거창하게 장례도 치러 준다. 또한 저네들만이 모여 노는 개공원(dog park)에 가서 마음껏 운동도 한다. 그곳에는 온갖 나라에서 온 뿌리가 다른 크고 작은 개들이 한데 어울려 쫓고, 뛰고 노는 곳인데 우리로 치면 어린이 공원 같다. 그렇다고 대낮에 구애하는 개는 없다. 집에서 기르는 애완견은 거의 거세를 하기 때문이다. 애완견을 위해 개보호소(dog shelter)까지 만들어 놓고 버려진 개나, 길 잃은 개들을 위탁 보호하면서 입양을 주선해 준다. 이쯤 되면 개와 인간은 동일선상에 있다고 해도 과언이 아니다. 어찌 보면 이 지구상에서 인간보다 훨씬 더 보호받는 동물인지도 모른다.

리사 엘스파멜이 쓴 『내 애완견에게 쓴 편지(A Letter to My Dog)』라는 책에 보면 개가 인간이 하지 못하는 방법으로 인간을 좋게 변화시킨다고 한다. 애완견은 사람을 착하고 상대를 사랑하며 서로를 배려하는 마음을 갖도록 변화시킨다. 애완견과 함께 걷는 백인들을 보면 항상 웃고, 손짓하고 개들이 낯 모르는 사람에게 다가가면 은근히 개를 자랑하려고 한다. 마음이 괴롭고 화를 내다가도 자기 품에 안기는 애완견을 보면 스스로 분노가 사그라지고 귀여움과 사랑이 솟아난다고 한다.

나는 그날 개 입양축제를 보고 인간이 개로부터 배워야할 게 한두 가지가 아니란 것을 느꼈다. 우리는 왜 둘만 만나면 시비 걸고 싸움질 하고 고함을 지를까. 여당 야당하며 편을 갈라 온갖 저질 욕설을 퍼부으며 싸움질 하는걸 볼 때마다 추잡한 인간이 개보다 못하다는 느낌이 든다. 리사 엘스파멜의 말처럼 애완견치료(pet therapy)를 해보면 어떨까. 더 늦기 전에 국민 모두가 정치인에게 애완견을 한 마리씩 사서 입양시키는 국민 캠페인을 벌인다면 애완견들로부터 서로 존중하고 배려하는 버릇을 배울지도 모른다. 그러면 우리나라 국회의사당과 시청광장이 싸움터가 되지 않고 미국의 개공원처럼 서로 어울려 뛰고 놀고, 배려하고 사랑하는 곳이 되지 않을까. DJ정부 때 어느 원로 재야인사가 여당 정치인이 되어 의사당에 가보니 가관이었다. 정치인들이 서로 어울려 싸움질하고 욕설하는 걸 보고 놀란 그는 의사당이 못난 개들이 벌이는 '개판' 같다고 했다. 4반세기가 흘렀어도 개싸움은 아직도 계속되고 있으니 더 늦기 전에 선진의회가 되기 위해서라도 정치인들에게 하루 속히 애완견치료를 해 보면 어떨까 생각된다.

길 잃은 도마뱀

우리 집에 도마뱀 한 마리가 들어 왔다. 워낙 빠른 놈이라 손을 쓸 시간도 없이 나를 따라 들어 온 것이다. 내가 뭐가 좋아서 따라 왔단 말인가. 분명 길을 잃고 헤매다 내가 문을 여는 틈을 타 잘 못 들어 온 것이다. 잽싸게 잠행을 한 도마뱀은 곧장 소파 밑으로 쏜살같이 꼬리를 감추고 말았다. 잡을 길이 없다. 막대기를 이리 저리 휘저어 보았지만 허탕이다.

왜 하필 내가 여행을 떠나는 날 들어 왔단 말인가. 나는 부득이 도마뱀을 혼자 집에 남겨 두고 예정되었던 보름간의 하와이 크루즈를 떠났다. 하와이 다섯 개 섬을 도는 동안 잊고 지냈다. 화산 지역의 신기하고 장엄한 자연경관에 흠뻑 젖고는 배에 돌아 와서는 탐식으로 포만을 이루고 일행들과 더불어 놀기에 바빴다. 그러다 2주 만에 돌아 와서야 도마뱀이 궁금했다.

침대 속으로 들어가 숨어있지는 않은지 은근히 걱정 반 공포 반에 신경이 곤두섰다. 그렇다고 그놈이 다시 밖으로 나갔을 리는 없지 싶다. 어딘가 숨어 있는 걸 찾아 낼 수만 있다면 잡을 건데 뾰족한 방도가 없다. 침대 안에 숨어있지 않는 것만으로 다행이었다.

그러던 어느 날 드디어 문제의 그 도마뱀이 나타났다. 기름기 빠진 도마뱀 한 마리가 느린 속도로 기어 다닌다. 집에 숨어들었을 때만 해도 생생했던 것이 무척 수척해 보인다. 확실히 영양실조에 걸린 것 같다. 꼬리부분이 날렵하게 움직이지 못하고 겨우 기어가는 모습이 도마뱀 같지 않다. 그간 굶은 게 분명하다. 공연히 잘못 들어와 이렇게 고생만 하고 있다는 생각을 하니 불쌍한 생각이 든다. 나는 보름간 산해진미에 몸을 불려 왔는데 이 길 잃은 도마뱀은 주인 없는 집에 들어 와 쫄쫄 굶고 나를 기다렸던 모양이다. 도마뱀은 육식을 하는데 우리 집에 저네가 먹을 만한 육식은 모두 냉장고 안에 있으니 허탕 짚어도 많이 헛짚었다. 집안에서 모기, 날파리, 개미, 거미 등을 잡아먹고 물 한 모금 마시지 못하고 버텼을 것을 생각하니 가슴 아프다. 도마뱀은 혀가 길고 흡인력이 강한데 우리 집에 있던 곤충들을 잡아먹었다면 나로서는 그만한 고마움이 어디 있을까. 하지만 거기에 비해 아무것도 해준 것이 없다.

미국 서부지역은 1년 내내 날씨가 따뜻한 아열대 기후여서 도마뱀을 비롯 토끼, 다람쥐들이 극성을 부리며 설쳐댄다. 바깥 현관에 신발을 벗어 놓으면 그 속으로 도마뱀들이 기어들어가 논다. 무심코 신발을 신을라치면 발밑에 물체가 뭉클해 오는 느낌을 받아 벗어 보면 영락없이 손바닥 길이만한 도마뱀이 뛰쳐나온다. 저도 놀라고 나도 놀란다. 이런 일이 한두 번이 아니다. 신발 안 고린내를 좋아서인가 아니면 그곳이 아늑해 숨기에 좋아서인가는 알 수가 없다. 암수 두 마리가 짝을 지어 다닐 때는 보기에도 좋다. 우리 집 현관에는 그중 한마리가 괴롭힌다.

소설 「오발탄」으로 인기를 끈 이범선이 1962년 동경올림픽 때 있었던 도마뱀에 관해 쓴 글과 그 후 도종환 시인이 쓴 「그 때 그 도마뱀은 무슨 표정을 지었을까」란 수필집에 보면 재미있는 도마뱀 이야기가 나온다. 올림픽 스타디움을 확장하려고 주택을 헐자 벽 속에 꼬리가 잘린 채 못에 박힌 도마뱀을 발견하였다. 꼼짝도 못하고 갇힌 도마뱀이 살아있다는 것은 기적이다. 파충류는 꼬리가 잘려서도 살 수가 있어서 못을 빼주어 도마뱀은 자유의 몸이 되었다.

그렇다면 누가 그 긴 세월동안 먹이를 날라다 주었단 말인가. 피노키오 도마뱀은 수컷은 긴 코를 갖고 있고 암컷은 긴 코가 없다. 꼬리가 물려있을 동안 또 다른 도마뱀이 먹이를 물어 날랐다는 것이다. 도마뱀의 눈물나는 사랑 이야기다. 어미인지, 애비인지 아니면 부부간인지 알 도리가 없지만 이 숭고한 사랑

이야기에 가슴이 뭉클해온다. 이 조그마한 미물의 사랑이 어쩌면 인면수심(人面獸心)을 한 인간보다 낫다는 생각이 든다.

우리 집 도마뱀이 암놈인지 수놈인지는 알 수가 없지만 아마도 집에 갇혀있는 동안 바깥의 짝은 얼마나 속을 태웠을까. 먹이를 물어 왔어도 문이 잠겨있어 허탕을 치고 분명 주인을 원망했을 것이다. 나는 몸을 불려 왔는데 우리 집에 온 도마뱀은 굶고 있었으니 내 도리가 아니다. 영양실조로 힘이 빠진 도마뱀을 잡는 데는 전혀 어려움이 없었다. 잡아다 밖으로 내보내 달라는 듯 순순히 응해 주었다. 두 손으로 안으니 따뜻한 온기가 묻어난다. 팔딱거리는 숨소리가 꽤 불안해 보이고 가여웠다. 그놈을 밖으로 내보내 주었다.

도마뱀은 보름간의 잠행에서 자유의 몸이 되었지만 굶어 꼼작 못하고 움직일 기미를 보이지 않는다. 그러다 점차 땅냄새를 맡는 시늉을 하더니 몸을 움칠거리면서 서서히 풀 속으로 사라져 갔다. 우리 집에서 보름간 먹지 못하고 굶은 몸으로 나갔으니 가슴이 아팠지만 다시 살아 저네 짝으로 돌아가는 모습을 본 그때의 흐뭇함과 기쁨은 잊을 수가 없다.

이제 많은 시간이 흘렀다. 그때 길 잃은 도마뱀은 지금쯤 어디에서 어떻게 지내고 있을까. 사랑 하는 지아비나 지어미를 만나 영양가 있는 육식을 먹고 기력을 회복했을까 궁금하다. 그리고 다시는 우리 집에 잠행해 들어오지 말기를 바란다. 한 번으로 족하다.

분노한 포도

날씨는 종일 변덕스러웠다. 아침에 비가 뿌리더니 갑자기 햇볕이 나고 그러다가 돌연 먹구름이 몰려 와서 천둥 번개까지 친다. 날씨가 미친년 널뛰는 것 같다. 하루에 이렇게 여러 번의 변덕을 부리는 것을 본 적이 없다. 이것이 캘리포니아의 겨울이다. 그렇지만 예정했던 길은 떠나야만 한다. 존 스타인백의 옛집을 찾아 가기 위해 미끄러운 고속도로를 달려야 한다.

존 스타인백은 미국의 대표적인 현대작가이다. 그는 1902년에 탄생해서 1967년에 사망할 때까지 아홉 권의 소설을 썼지만 1939년에 퓰리처상을 받은 「분노의 포도」가 그의 대표작이다. 그의 소설은 줄곧 가난하고 소외된 사람들의 삶을 그린 따뜻함을 갖고 있어 1967년에는 노벨문학상까지 받기도 했다.

그는 캘리포니아주 몬터레이 카운티 셀리나스(Salinas)라는 조그마한 농촌에서 공무원 아버지와 교사 어머니 사이에서 태어났다. 어릴 때부터 글쓰기를 좋아한 그는 고교 때 학생회장을 하면서 모든 일에 앞장서기도 했다. 집에서 가까운 팔로알토의 스탠포드 대학에 입학을 하여 문예창작을 공부했으나 마치지 못하고 중도에 포기하고 말았다. 고향으로 돌아온 그는 농부로서 막노동을 하면서 몇 년을 보냈다.

폭발적인 인기를 끈 「분노의 포도」(1939)는 당시 미국이 1930년대 경제공황으로부터 고통을 받고 있었을 때 노동자들의 가슴에 불을 지핀 것이다. 스타인백은 1930년대 미국 사회를 휩쓸던 사회주의에 심취해서 자본주의의 모순을 비판하는 글을 서슴지 않고 썼고, 「분노의 포도」 역시 그러한 자본가의 탐욕을 비판한 것이다. 미국 의회에서도 분노의 포도 현장인 살리나스를 방문하고 노동착취를 조사할 만치 그의 작품 하나가 미국 사회를 들끓게 했다.

작품의 내용은 이렇다. 오크라호마주의 소작농인 '조드' 가족들이 그곳에서 기계화에 밀려 농토를 잃고 쫓겨난다. 할아버지, 할머니, 조드 내외, 어린이들 등 3대는 고향을 등지고 파라다이스라고 알려진 꿈의 캘리포니아를 향해 서부행을 감행한다. 살리나스라는 낙원을 찾아가는 과정에서 겪는 고통과 할아버지, 할머니를 잃고 슬픔에 싸이지만 좌절하지 않고 마차를 끌고 서부행을 한 끝에 그들이 그리던 이상향 살리나스에 도착한다. 그들은 포도농장에서 일하지만 또 다른 형태의 자본주의 노예노동으로 전락하고 만다. 열악한 주택에 살면서 싼 노임에 혹사당하고 있는 노동자들의 비참한 현실에 분노한다. 스타인백은 포도의 송이송이를 분노로 형상화하면서 자본주의를 고발한다.

살리나스는 미국 서부 로스앤젤레스와 샌프란시스코 사이에 있지만 샌프란시스코 메트로폴리탄에 속해 있다. 고속도로 101을 타고 해안을 지나 북으로 올라가는 길이 그리 녹록지가 않다. 차도 많고 비도 주룩주룩 내리는데 도로포장이 낡아 운전에 힘이 든다. 중도에서 기름도 넣고 점심도 먹으면서 두 번이나 쉬고 살리나스에 도착했을 때는 해가 제법 서쪽으로 기울어 있었다. 비는 개고 하늘은 맑아 구름 한 점 없다. 언제 또 다시 천둥번개가 칠지 모른다. 내비게이션으로 쉽게 찾아 갈 수 있는데도 나는 중간에서 쉴 겸 가게에 가서 물어서 찾기로 했다.

살리나스는 한가했다. 소설 「분노의 포도」를 읽은 사람이라면 살리나스 곳곳에 포도밭이 있다고 믿는다. 거기에다 낡은 밀짚모자를 눌러 쓴 노동자가 들끓고 있을 것 같은데 도시는 너무나 조용하고 평화롭다. 1930년대 포도밭은 이미 도시화로 밀려 사라지고 없다. 잘사는 백인들은 언덕과 계곡 속에 집을 지어 떠나갔고 도시는 이제 오갈 데 없는 멕시코 노동자들만이 모여 사는 듯하다.

도시는 볼품없는 건물들이 초라하게 줄을 잇고 있다. 중앙통이라는 살리나스 중심부에 이르러서야 도시다운 반듯한 건물들이 눈에 들어온다. 지나가는 젊은이를 만나 존 스타인백의 옛집을 찾는다고 했더니 바로 저기라며 손짓을 해 준다. 존 스타인백 박물관이다. 우리로 치면 그의 기념문학관인 셈이다. 해마다 5월에 존 스타인백축제가 열려 도시는 잠시나마 관광객으로 들끓는다는데 오늘따라 날씨 때문인지 한가하다. 이 문학관의 특징은 그의 각 작품마다 방을 만들어 놓고 작품 배경과 내용을 시각적으로 전시해 놓았다. 사전지식이 없더라도 작품방에 들어가 보면 누구나 알 수 있게 해 놓았다.

십여 개의 작품방을 지나면서 유독 「분노의 포도」 작품방에 관심을 가진 것은 이 작품으로 노벨문학상을 수상했기 때문이기도 하지만 당시의 미국 서부 노동자들의 참상을 이 방에서 흥미롭게 볼 수가 있다. 끝없이 펼쳐지는 포도밭, 여기에 초라한 모습의 이주노동자들, 돼지우리 같은 주택, 지주들의 거만한 모습, 부유층만이 사는 아름다운 계곡, 이 모든 살리나스의 자연이 스타인백의 작품들의 배경이 되고 있음을 알 수 있다. 이런 작가의 고향에서 핍박받는 사람들에 대한 휴머니즘과 사회고발적 글이 나올 수 있었던 것은 그가 일찍이 눈을 뜬 사회주의 의식과 대학중퇴 후에 겪은 막노동의 경험 때문이 아닌가 싶다.

그렇지만 내가 더 관심을 가진 것은 「찰리와 함께 떠난 미대륙 여행』 방이었다. 내가 꿈을 꾸고 있는 미대륙 여행을 스타인백은 이미 1962년에 찰리라는 애완견과 함께했는데, 그때 포드 트럭을 개조해 만든 벤(van)이 전시되어 있다. 물론 모형이지만 그 안에 침대, 부엌, 변소, 식사를 할 수 있는 프로판가스통 등이 있다. 1960년대로서는 파격적인 아이디어였으며, 이것이 오늘날 RV(recreational vehicle)의 초보적 모형이 아닐까 싶다. 스타인백의 엔지니어적인 모습을 볼 수 있다.

요즘의 벤(RV)은 훨씬 크고 호화판이지만 언젠가는 나도 저런 것을 몰고 미국을 횡단해 보고 싶다. 그땐 물론 애완견 대신 아내와 동행할 것이다. 마침 내가 벤 앞에서 관심 있게 내부를 들여다보고 있는데 젊은 백인 부부가 와서 자기도 언젠가는 이런 것을 몰고 미대륙을 여행하고 싶다고 해서 우리 둘은 한바탕 웃었다. 그가 쓴 『Travels with Charley』 한 부를 사서 들고 나와 그의 생가로 발을 돌렸다.

사실 내가 오늘 보고 싶은 것은 그의 문학관보다 그의 생가였다. 어린 시절 뛰어 놀던 모습이며 글의 배경이 되었던 환경을 보고 싶었다. 이곳에서 걸어 불과 5분 거리에 아담한 2층집이 잘 보존되어 있다. 1층은 식당으로 사용되고 있어 관광객들이 와서 잠시 쉬며 식사를 하고 차도 마실 수 있게 해놓았고 2층은 그의 침실과 서재이고 지하는 기념품매점으로 이용하고 있다. 생가를 이렇게 이용하면 별도의 관리비가 들지 않아 좋다는 생각이 들었다. 그러나 우리가 생가에 도착했을 때가 이미 오후 3시를 넘었다. 기념관에서 시간을 너무 보낸 탓이다. 집은 3시에 문을 닫게 되어 있어서 안쪽을 볼 수가 없고 집 정원과 뒷면을 둘러보고 발길을 돌려야만 했다. 그냥 이쯤 어디에 어린 존 스타인백이 뛰어 놀았을 것이라고 짐작만 할 뿐 그의 흔적을 찾을 수 없다.

살리나스는 아주 평범하고 조용한 미국의 전형적인 농촌 도시일 뿐이다. 그렇지만 존 스타인백을 찾는 관광객들은 봄부터 가을까지 이 조그마한 도시를 메운다. 살리나스 시민들은 스타인백이 있으므로 도시가 있으리만치 그에 대한 자부심이 대단하고 자랑스럽게 여기는 것 같다. 작가들은 그들의 성장환경이 작품의 중요한 자산이 된다는 사실을 여기서 다시 한 번 확인할 수가 있다.

해가 벌써 태평양 서쪽에 매달려 고단한 하루를 마감하려 한다. 발길을 재촉해야겠다. 둘째 아들이 사는 버클리로 가자면 아직 1시간 반은 더 달려야 한다.

나 혼자만의 사랑

"여보, 당신 사랑해요."

모두는 가슴이 찡했다. 어쩌면 저렇게 아름다울 수가 있을까. 젊은이도 아닌 80회 생신을 맞아 옆에 앉은 백발의 남편을 향해 던진 이 말 한마디는 우리를 감동케 했다. 그날 오진주 여사는 장내를 꽉 메운 축하객들의 가슴을 사로잡은 히로인이 되었고, 또 그럴 만도 했다. 백인들이 사는 은퇴마을에서 오랜만에 한국인의 잔치에서 모처럼 감동적인 순간이 잊히지 않는다.

아무리 운이 좋고, 의료기술이 발달했다고 해도 인생의 긴 여정에 닿아 80회의 생일잔치를 그토록 성대하고 알차게 그리고 보람있게 하기란 쉽지가 않다. 돈만 있다고 할 수 있는 게 아니다. 종종 그런데 가보면 돈 냄새만 맞고 돌아오던가, 아니면 고관대작이라는 잔칫집에선 어깨에 힘들어 간 모습만 보고 돌아올 뿐이다. 가슴 어느 한 구석에도 가슴에 와 닿는 진심이 없다. 구역질이 나는 잔칫집에 다녀와선 후회하기 마련이다.

80회 생일잔치는 그래서 아무나 할 수 있는 게 아니다. 여러 가지를 보여 준다. 아주 주저되는 자리이다. 자녀들은 어떻게 성장했는가. 가족들의 면면은 또 어떤가. 심지어 하객들은 어떤 사람들인가 등등을 보여 주는 자리가 된다. 한마디로 삶의 끝자락에 와 있는 본인들의 인생결실을 보여 주는 자리이다. 이것도 저것도 아니면 가족끼리 오붓하게 케이크이나 나누어 먹고 생일을 기념하는 것이 나을지도 모른다.

하객을 초청하는 자리는 어쩌면 그 사람의 기록영화를 보는 것이나 마찬가지다. 돈 자랑을 해서도 안 되지만 명예를 내세워서도 안 된다. 모두가 한 줌의 거품에 지나지 않는다. 그 사람의 삶 속에 진실이 담겨 있어야 한다. 그래야 그 기록영화를 보고 박수가 터져 나오고 때로는 두 눈 언저리가 촉촉이 젖는다. 누구나가 '나도 저런 인생을 살 수 있을까'를 비춰 보는 부러움의 기회가 되던가 아니면 우리를 반성케 하는 기회이면 더욱 좋다. 오여사의 80회 생일잔치는 바로 그런 감동과 부러움, 그리고 솔직히 그런 삶을 살지 못한 사람들의 부끄러움을 안고 돌아온 자리였다.

그날의 기록영화는 충남 청양 두메산골에서 온 한 처녀가 미국이민 반세기간에 빚은 감동의 명화였다. 꿈 많던 여교사가 엘리트 의사와 만나 펼쳐낸 인생 이야기는 자랑스런 한국여성의 성공 드라마이다. 그녀는 어쩌면 한 포기의 장미 같은 인생을 산지도 모른다. 장미의 아름다움과 향기로 주위를 따뜻하게 해 준다. 그녀의 타고난 향기에 모두가 취해 모인다. 누가 장미의 가시를 탓하랴. 질투와 오만도 없다. 밝은 웃음만으로 모두를 편케 해준다. 베품만이 있을 뿐이다.

그녀의 삶은 희생과 사랑으로 엮은 비단자락 같다. 자기 피붙이들을 남편의 뒤를 따라 부전자전의 길을 걷게 만들었다. 그러고도 모자라 친정 조카들까지 의과대학을 나오도록 뒷바라지를 했다. 남들이 부러워하는 '의사부자 집'을 만들었으니 이것은 조선시대의 아녀자만이 할 수 있는 희생과 사랑 없이는 어려운 일이다. 오진주 여사는 바로 그런 우리 사회의 자랑스런 현모양처임에 틀림없다. 조선시대의 여성이 오늘을 살고 있는 셈이다.

공수래공수거의 인생길에 저만치 낙조를 바라본다. 한 삶이 뿌린 그 발자취가 선명해진다. 그것은 크게는 이 사회를 기름지게 했고, 작게는 이웃을 따뜻하게 해 주지 않았던가. 프로이드는 '어릴 적 꿈꾸었던 욕구를 이루었을 때가 가장 행복하다'고 했다던데 그녀야말로 바로 그 꿈을 이룬 행복한 아내이자, 어머니가 아닐까. 거미는 새끼를 부화하기 위해 자기 몸을 거미줄로 모두 감는다. 그러고는 새끼를 까기까지 먹지 않고 그 속에서 품고 있다. 기진맥진했을 때야 새끼가 나온다. 그때 어미는 죽어서 새끼의 먹이가 되어 준다. 한 미물의 삶이 그래서 빛이 난다.

오진주 여사는 이제 백발이 성성한 반려자와 즐거운 삶을 산다. 팜퓨리를 끼고 함께 산책하기도 하고, 때로는 탁구도 함께 친다. 커피잔을 앞에 놓고 마주 앉아 오순도순 이야기를 나눈다. 그 모습이 아름답기만 하다. 그날 부군과 함께 피아노에 맞춰 부른 '나 혼자만의 사랑'은 온 장내를 감동의 하이라이트로 치닫게 했다. 그 듀엣은 마치 오래된 바위 틈새에서 흘러나온 샘물 같았다. 그리고 청정했고 또한 유리알처럼 아름다웠다. 80평생 걸어 온 발자취가 바로 그녀의 노래에 실려 흘러간 듯하다.

나는 집에 돌아와서 그날의 가슴 뿌듯한 감동을 잊지 못해 적어 보았다.